심도 있게 편찬된
구역 및 대학·청년부 BEST G.B.S. 시리즈

BEST
전도서

묵상하는사람들
프리셉트

서문

하나님의 말씀을 향한 뜨거운 열정을 가진 한국 교회 성도들을 위하여 쉼없이 달려온 프리셉트성경연구원은, 쉽고도 심도 있는 성경공부 교재 개발의 부르심에 따라 BEST G.B.S. 시리즈를 기획하여 출간하게 되었습니다.

BEST G.B.S.는 참여자들의 수준이 천차만별하고 그들이 처한 상황이 다양한 점을 고려하여, 다양한 포커스를 가진 도입글과 질문을 제시하였습니다. 뿐만 아니라 깊이 있는 질문을 다각도에서 나눌 수 있도록 선택 질문을 기획하여 묵상의 깊이를 더하였습니다.

한편, 프리셉트성경연구원은 한국 교회를 효과적으로 돕는 다양한 교재를 구역, 셀, 소그룹, 그리고 청년부의 조모임을 위해 많이 개발하고 있습니다. 그 종별의 특징은 다음과 같습니다.

Ⅰ. G.B.S. 교재의 종별 특징

1. High G.B.S. 시리즈

평신도 소그룹 중 성경공부를 장기간 진행해 온 분들에게 적합한 교재입니다. 프리셉트성경연구원의 고급 과정(PUP)에서 다루는 내용을 압축하여 정리한 내용으로서, 참여자들이 1시간 정도 예습해 올 수 있을 때에 효과적으로 진행할 수 있는 교재입니다.

2. BEST G.B.S. 시리즈

소그룹 참여자들의 신앙 수준이 다양한 점을 고려하여, 다양한 도입글과 질문을 제시하였습니다. BEST G.B.S.를 쉽고 편하게 진행하기를 원하면, 「더 깊은 연구와 묵상을 위하여」를 생략하고 다룰 수 있습니다.

3. 쉬운 G.B.S. 시리즈

이 교재는 질의응답식 내용을 통해 누구나 예습 없이 현장에서 쉽게 진행할 수 있도록 구성되었습니다.

4. **주제별 G.B.S. 시리즈**

이 교재는 성경의 내용을 주제별로 다뤄서 해당 주제에 대해 성경적 세계관을 확립하는 데 큰 도움을 줍니다.

5. **하나님 마음에 합한 시리즈**

이 교재는 신앙생활에 관한 16가지 주제를 소그룹용으로 편찬한 교재로서, 쉬운 G.B.S.에 비해 다루는 내용이 넓고 깊습니다.

6. **40분 G.B.S. 시리즈**

이 교재는 미국 프리셉트 본부에서 기획된 교재로서, 약 40분 동안 활발한 토의식 성경공부를 진행할 수 있도록 구성된 편리하고 유용한 교재입니다.

7. **성품 G.B.S. 시리즈**

이 교재는 성도들이 소그룹에서 끈기 있게 예수님의 성품을 배우도록 편찬되었습니다. 이 시리즈는 감사, 경건 등 성품이란 주제에 대하여 성경 본문을 집중적으로 연구하여 적용하도록 돕는 성품 변화에 통합된 자료입니다.

8. **기타**

그 외에 수련회용, 주말 성경학교용, 청소년용, 제자훈련용 등 많은 교재가 준비되어 있습니다.

II. 인도자를 위한 안내

1. 시작 시간을 정확히 지키십시오.
2. 성령님께서 말씀의 비밀을 깨우쳐 주시도록 함께 기도하십시오.
3. 성경공부에 들어가기 전, 지난 주에 깨달은 말씀을 함께 나누면서 마음을 여는 시간을 가지십시오.
4. 인도자는 시작하는 질문을 던지면서 참여자들의 활발한 토론을 유도해 나가십시오. 질문을 할 때에는 교재에 주어진 문제에만 국한하지 말고 다른 보충 질문들을 준비하여 이끌어 가십시오.

5. 각 문제마다 적절한 시간을 안배하여 중점적으로 다룰 문제는 충분히 토의하고 지엽적인 문제는 간단히 진행하십시오.
6. 각 과를 인도한 후, 다음의 평가항목을 통해 스스로 자기 점검을 하십시오.
7. 인도자로서 좀 더 깊이 성경을 배우고자 하는 분들은 프리셉트 성경연구 과정에 참여하여 도움을 받기 바랍니다(문의: 02-588-2218).

Ⅲ. 평가항목

1. 보조 질문은 좋았는가?
   명확하고 간략했는가?
   본문에 충실했는가?
   본질적인 문제에 접근했는가?
   깊은 통찰과 적절한 적용을 이끌어 냈는가?
2. 참여자의 발표를 잘 유도하고 격려했는가?
3. 말을 너무 많이 하거나 적게 하지는 않았는가?
4. 준비를 충분히 하였는가?
5. 분문에서 벗어난 방향으로 토의가 진행되지는 않았는가?
6. 시간은 잘 지켰는가?

Ⅳ. 본 교재에 대하여

전도서는 전도자(코헬렛)로 지칭되는 자가 전하는 말씀입니다(전 1:1). 전도자는 해 아래에서 펼쳐지는 수많은 인간사를 관찰했습니다. 그리고 그 관찰한 결과들을 조목조목 써 내려갔습니다. 전도서의 주제는 크게 2가지로 압축할 수 있습니다.

첫 번째 주제는 헤벨(헛됨)입니다. 전도자가 인생을 관찰한 결과는 한마디로 헤벨(헛됨)이었습니다. 헤벨은 전도서에서 38번이나 언급되는 전도서의 중심 주제라고 할 수 있습니다. '숨, 바람, 약한 안개, 미세한 수증기'를 뜻하기도 하고 '무의미함(meaningless), 가치 없음(vanity)'을 뜻하기도 합니다. 헤벨이 긍정적인 표현인지 아닌지가 모호합니다. 헤벨이라는 단어의 뉘앙스처럼 인간사 역시 손에 잡힐 듯 잡히지 않는 신비로운 것이며, 그 모양이 쉴 새 없이 바뀌기에 쉽게 정의할 수 없습니다. 또한 헤벨은 인간의 한계성을 표현하는 단어이기도 합니다. 출생에서 시작하여 죽음으로 막을 내리는 인간의 삶은 수증기처럼 빨리 사라집니다. 한 줌의 바람처럼 있다가 사라지는 것이 인생입니다. 전도자는 전도서를 읽은 독자들이 잡힐 것 같은데 잡히지 않고, 있는 것 같은데 바로 없어지는 헤벨의 인생을 직면하도록 만듭니다. 따라서 전도서를 읽을 때 인생의 한계에 대해 철저하게 인식하는 것이 좋습니다. 전도자는 해 아래에서 일어나는 일들의 결국은 헤벨이라고 결론 내립니다. 사람이 하는 모든 일이 헤벨이고, 자연 만물도 헤벨입니다. 우리가 이루고자 하는 성공도, 우리가 취하려는 즐거움도, 우리가 지혜롭다고 생각하는 그 모든 것이 결국은 헤벨일 뿐입니다. 인간이 해 아래에서 수고하는 모든 수고가 결국은 수증기처럼 사라져버릴 것입니다. 그렇다면, 전도서의 메시지가 헤벨뿐입니까? 그렇지 않습니다.

두 번째 주제는 유익(이트론)입니다. "무엇이 유익한가?"(전 1:3)라는 질문을 기억하십시오. 전도자는 세상을 관찰한 결과 헤벨뿐이라는 결론을 내렸지만, 그와 동시에 유익(이트론)을 찾는 작업도 함께했습니다. '세상 모든 것이 헛되고 헛되다면 과연 유익한 것은 없을까?'라는 질문을 하면서, 전도서 속에 보석처럼 그 해답을 숨겨놓았습니다. 코헬렛이 찾아낸 유익은 하나님을 경외하면서 주어진 삶의 재료를 잘 활용하여 즐겁고 행복하게 살아가는 것입니다. 더 가지려고 하거나 불평하지 말고 주어진 재료를 100% 활용하면서 누리라는 것입니다. 인생이 헤벨이라고 해서 그 막연함 때문에 허무해하거나 절망할 필요가 없습니다. 인생이 수학공식처럼 잘 풀리지 않더라도 현재 주어진 인생을 즐기라는 것입니다.

이 책을 공부하는 동안 여러분은 인생과 세상에는 온갖 문제점과 신비로움이 가득 차 있다는 것을 인정하게 될 것입니다. 그와 동시에 살아간다는 것의 의미가 무엇인지에 대한 질문도 던지게 될 것입니다. 그 관찰과 질문 사이에서 본 교재를 통해 하나님 앞에서 인간으로 살아감에 대한 참된 의미를 발견하시기 바랍니다.

프리셉트성경연구원

차례

01 헛됨과 유익

본문 전도서 1:1-11

외울말씀 해 아래에서 수고하는 모든 수고가 사람에게 무엇이 유익한가 (3절)

도입을 위한 글

정상적인 그릇이라면 내용물을 넣을 때 그릇이 차는 것이 당연하다. 아무리 큰 그릇이라도 용도에 맞게 내용물을 채울 수 있다. 크기에 따라 채워지는 시간이 더 걸리거나 덜 걸릴 뿐이다. 하지만 사람은 채울 수 없는 그릇이다. 영원히 채워지지 않는 신비한 그릇이다. 우리는 이 사실을 인정해야 하며 내가 채우고자 하는 전부를 다 채우려고 해서는 안 된다. 덜 채웠어도 다 찬 것처럼 생각하고 살면, 비로소 만족이라는 행복을 느끼게 된다. 채우고 채워도 차지 않는 것이 마음인 것을 모르면 그것을 채우려다 불행한 삶을 살게 된다. 솔로몬은 모든 것을 채워보려고 했던 사람이다. 하지만 인생 결말에 가서야 비로소 채워지지 않음을 깨달았다. 하지만 우리는 솔로몬처럼 뒤늦게 깨달을 필요가 없다. 솔로몬의 경험을 그냥 받아들이기만 하면 된다. 전도서를 깊이 묵상해보라.

도입을 위한 질문

❶ 여러분의 삶 가운데 가장 불만족스러운 것은 무엇입니까?

❷ 여러분에게 만족감이 사라지거나 때때로 우울해지는 이유는 무엇입니까?

본문 질문

❶ 1절은 전도서 전체의 표제입니다. 전도서는 누구의 말씀입니까?(1절)

* 전도자(1절): 히브리 원문으로 '코헬렛'이다. '코헬렛'은 전도서에서 총 7번 나온다(1:1, 1:2, 1:12, 7:27, 12:8, 12:9, 12:10). 시민(주민)들의 모임에서 선생과 지도자의 자격으로 설교하는 사람을 말한다.

❷ 전도서의 시간적 배경과 공간적 배경은 무엇입니까?(1절)

* 다윗의 아들로 왕이 된 사람은 솔로몬밖에 없다.

❸ 2-11절은 전도자의 말씀이 등장하기 전에 분위기를 환기시켜주는 해설자의 설명 부분입니다. 그가 4번이나 소리치며 강조한 것은 무엇입니까?(2절)

* 헛되도다(2절): 원어로 '히-헤벨'이라고 한다. '헤벨'은 문자적으로 '숨, 바람, 약한 안개, 미세한 수증기'라는 뜻이며 '무의미함'(meaningless)과 '가치 없음'(vanity)을 뜻하기도 한다.

❹ 해설자는 독자들에게 어떤 질문을 던집니까?(3절)

* 유익(3절): 원어는 '히- 이트론'이다. 이는 투자하여 얻은 이익이라는 뜻으로, 헤벨(헛됨)로 가득한 세상에서 '이트론이 무엇인가?'라는 질문이다.

❺ 다음 글을 읽고 전도자가 말한 '헛되다'라는 의미에 대해 정리해보십시오.

이런 모습을 상상해보라. 많은 사람이 뮤지컬의 광고 포스터를 보고 극장에 가득 모였다. 거기에는 '다윗의 아들 예루살렘 왕 전도자의 말씀이라'는 문구가 적혀 있었다. 극장 앞에는 막이 쳐 있었다. 관중들은 막이 열리고 전도자가 나와서 보여줄 연극을 잔뜩 기대하고 있었다. 어떤 이는 시계를 보며 막이 오를 시간을 확인했다. 어떤 이는 핸드폰 진동을 확인하고, 어떤 이는 자세를 더욱 편안하게 하기 위해 뒤척거리기도 했다. 바로 그때, 무대 한쪽에서 어떤 사람이 빠른 걸음으로 나왔다. 분명 주인공 전도자는 아니었다. 그 사람은 갑자기 큰 소리로 외쳤다. "헛되고 헛되며 헛되고 헛되니 모든 것이 헛되도다." 그 사람은 주인공과 연극을 소개하기 위한 나온 해설자였다. 그렇다면 이 해설자가 외친 '헛되다'(헤벨)라는 표현은 과연 긍정적인가, 아니면 부정적인가? 긍정적이기도 하고 부정적이기도 하다. 인간 세상은 숨이나 바람처럼, 약한 안개나 미세한 수증기처럼 손에 잡힐 듯 잡히지 않는 신비로운 것이다. 또한 모양이 쉴 새 없이 바뀌기 때문에 쉽게 정의할 수도 없다. 인간 세상에 대한 모든 비밀은 오직 하나님만이 완벽하게 알고 계신다. 따라서 유한한 인간인 우리는 완전하신 하나님을 경외할 수밖에 없는 것이다.

❻ 사람은 태어나서 죽을 때까지 한 세대를 보내며 수고합니다. 하지만 인간의 일생(세대)은 결국 어떻게 됩니까?(3–4절)

❼ 사람뿐만 아니라 자연도 해 아래에서 수고를 그치지 않습니다. 해와 바람과 강물은 결국 어디로 돌아갈 뿐입니까?(5–8절)

* 만물의 피곤함(8절): '피곤하다는 것'(히–야게아)은 '수고로 가득 찼다'라는 뜻이다.

❽ 사람은 눈과 귀의 무한한 욕망 때문에 늘 새것을 추구합니다. 하지만 그 새것은 언제 있었던 것입니까?(8–11절)

더 깊은 연구와 묵상을 위하여

❶ 전도서에 38번이나 등장하는 "헛되다"(헤벨)라는 표현이 허무주의와 다른 점은 무엇입니까?

❷ 전도서는 철저하게 해 아래에서 일어나는 일들에 집중합니다. 전도서를 천상 세계의 일(천사나 영원 등)에 과도하게 연결시키는 것은 바람직한 묵상입니까?

적용을 위한 글

전도서의 주제는 헛됨(헤벨)으로 가득한 해 아래에서 유익(이트론)을 찾아가는 것이다. 전도자가 등장하기 전에 해설자가 나와서 전도자가 앞으로 말할 주제를 환기시킨다. 해설자는 사람의 헤벨, 자연의 헤벨 그리고 역사의 헤벨에 대해 차례로 말한다. '해 아래에서'라는 시간적 테두리와 '땅'이라는 공간적 테두리 안에서 펼쳐지는 인간과 자연의 역사는 결국 생겼다가 쉽게 사라지는 안개와 수증기 같은 헛됨(헤벨)일 뿐이다. 전도서는 우리가 살면서 붙잡으려고 애쓰는 것들을 일단 모두 내려놓게 한다. 바닥에 다 펼쳐놓고 그중에서 진정으로 우리에게 유익한 것이 무엇인지를 생각하게 한다.

적용 및 결단을 위한 질문

❶ 여러분은 살아갈 날들이 결국 한 세대뿐임을 자각합니까?

❷ 여러분은 보아도 족함이 없는 눈과 들어도 차지 않는 귀 때문에 느끼는 피곤함에 대해 어떻게 생각합니까?

02 인생들의 헛수고

본문 전도서 1:12-18

외울말씀 마음을 다하며 지혜를 써서 하늘 아래에서 행하는 모든 일을 연구하며 살핀즉 이는 괴로운 것이니 하나님이 인생들에게 주사 수고하게 하신 것이라 (13절)

도입을 위한 글

방글라데시는 세계 최빈국이지만, 국민의 행복지수는 매우 높다. 반면에 한국은 세계 10위권의 경제 대국이지만, 국민의 행복지수는 최근 102위인 것으로 조사되었다. 미국의 잡지 〈아틀랜틱〉이 행복지수가 높은 1만 명의 7가지 공통점을 발표했다. ① 남을 웃길 줄 아는 유머감각이 있었고 자신 역시 잘 웃었다. ② 일한 만큼 충분히 쉼으로 자신을 혹사시키지 않았다. ③ 규칙적으로 적당한 운동을 하고 남을 배려할 줄 알았다. ④ 자신의 감정을 적절히 표현할 줄 알았고 스트레스를 적게 받았다. ⑤ 감사한 일에 감사할 줄 알았다. ⑥ 남을 위해 한 가지 이상 봉사하고 있었으며 영적인 생활을 하고 있었다. ⑦ 현재 누군가를 사랑하고 있었다. 인생이 행복하지 않다면 무언가 중요한 것을 놓치고 있기 때문이다. 하나님께 돌아옴으로 행복을 누리라!

도입을 위한 질문

❶ 여러분의 행복지수는 100점 만점에 몇 점입니까?

❷ 많이 배운 사람이 더 행복할 것이라고 생각합니까?

본문 질문

❶ 드디어 주인공 전도자가 등장합니다. 전도자는 자신이 어디에서 무엇이 되었다고 소개합니까?(12절)

* 예루살렘에서 이스라엘(12절): 이스라엘이 아직 남유다와 북이스라엘로 나누어지지 않은 때를 말한다.

❷ 전도자는 마음을 다하며 지혜를 써서 무엇을 해보았다고 합니까?(13절)

* 마음을 다하며(13절): '마음을 주다'(I gave my heart; KJV), '헌신적으로 노력하다'(I devoted myself; NIV)라는 뜻이다.

❸ 전도자는 연구하고 살피는 행위 자체가 어떤 일이라고 평가합니까?(13절)

* 괴로운 것(13절): 히브리어 원문에는 '나쁜 것'이라는 뜻이 있다. 연구와 살핌은 열매 없는 수고일 뿐이기에 나쁘다고 평가한다.

❹ 하지만 사람들은 여전히 연구하고 살핍니다. 누가 그렇게 하도록 하십니까? (13절)

❺ 다음 글을 읽고 헛된 연구와 참된 연구의 차이점에 대해 정리해보십시오.

> 자신이 태어난 날짜도 모르고 이름도 없으며 말 한 마리 값에 팔렸던 아이가 있었다. 허약해서 죽을 고비도 수차례 넘겼던 소년은 배고픔과 배움에 주린 동족을 위해 밤낮으로 연구하며 결국 흑인들의 삶을 바꾼 사람이 되었다. 그는 바로 땅콩 박사 조지 워싱턴 카버(George Washington Carver)이다. 그는 흑인 주제에 무슨 공부냐는 사람들의 타박에도 신세를 한탄하거나 불평하지 않고 꿋꿋하게 연구와 실험에 매진했다. 그를 그렇게 만든 건 마리아 아주머니의 한마디 때문이었다. "열심히 공부하여 동족에게 가르쳐주어야 한다. 우리 동족은 배움에 너무나 굶주려 있다는 것을 명심하여라." 결국 카버는 땅콩 연구로 엄청난 결과물을 만들어냈고 기업들의 고액 연봉 제안을 받았지만 모두 거절했다. 대신 각고의 노력 끝에 발견한 성과를 어떤 대가도 바라지 않고 누구나 사용하도록 해주었다. 그는 공부의 목적을 자신의 성공이 아니라 이웃을 섬기기 위해 배운 바를 나누는 것으로 삼았기 때문이다. 그러므로 아이들에게 공부하라고 다그치기 전에 이웃을 먼저 살피게 하고 뜻을 세우게 하자.
>
> –김기현

❻ 바람을 잡으려는 시도가 헛된 것처럼 사람이 행하는 모든 일도 헛됩니다. 그 이유는 무엇입니까?(14–15절)

* 구부러진 것(15절): "(Life's) a minus that won't add up"(MSG), '보충할 수 없는 인생의 마이너스'라는 뜻이다.

❼ 전도자는 많은 지혜와 지식을 얻었습니다. 심지어 미친 것들과 미련한 것들에 대해서도 알고 있었습니다. 하지만 결국 알고자 애쓰는 것이 무엇인 것을 깨달았다고 합니까?(16–17절)

❽ 지혜와 지식이 많아질수록 무엇이 많아진다고 합니까?(18절)

더 깊은 연구와 묵상을 위하여

❶ 본문의 전도자는 솔로몬 왕일 가능성이 매우 높습니다. 솔로몬의 지혜는 어느 정도였습니까?(왕상 4:30, 10:23 참조)

❷ 전도자가 헛되다고 결론 내린 지식의 범위에는 하나님에 대한 지식도 포함됩니까? "하늘 아래에서"(13절)라는 범위에 주목하여 본문을 주의 깊게 연구해보십시오.

적용을 위한 글

하나님을 떠난 인간에게 괴로움과 수고는 필연적이다(창 3:16-19). 전도자는 본문에서 이 점을 강조하고 있다. 하나님께서 인생들에게 수고를 주신 것은 사랑의 표현이다. 인생들이 자신의 한계를 철저히 깨닫고 창조주이신 하나님을 찾아오기를 기다리신다. 하나님이 계시지 않는 해 아래에는 헛됨(헤벨)뿐이다. 구부러진 것을 곧게 할 수 없는 우리의 한계를 빨리 깨달아야 한다. 전도자처럼 모든 것을 경험한 후에 깨달으면 너무 늦는다. 바람을 잡으려는 시도가 어리석듯이, 하나님 없이 무언가를 하려는 시도는 매우 어리석다.

적용 및 결단을 위한 질문

❶ 여러분은 아직도 해 아래에서 인생의 참된 의미를 발견할 수 있다고 생각합니까?

❷ 여러분이 요즘 하는 일들이 혹시 바람을 잡으려는 시도는 아닙니까?

03 무익한 것

본문 전도서 2:1-11

외울말씀 그 후에 내가 생각해 본즉 내 손으로 한 모든 일과 내가 수고한 모든 것이 다 헛되어 바람을 잡는 것이며 해 아래에서 무익한 것이로다 (11절)

도입을 위한 글

쾌락의 노예가 되면 결국 자기 생명이 갉아먹힌다. 진나라부터 청나라 말까지 중국 황제들의 평균 수명은 마흔 살도 채 안 되는 39.2세였다. 그 이유는 10대 초반부터 성생활을 시작하여 육림(肉林) 속에서 탐닉했기 때문이다. 전한(前漢)의 원제(元帝)는 후궁이 2천 명이었고, 당(唐)의 현종(玄宗)은 양귀비를 비롯한 후궁이 4만 명에 이르렀다고 한다. 로마 제국의 황제들도 네로, 칼리굴라, 티베리우스, 도미티아누스 등 변태 성욕자가 속출했고 그들의 평균 수명은 37세로 조선 시대 왕들의 평균 수명인 43.4세보다 낮았다. 독일의 정신의학자 프린츠홀른은, 정리되지 않은 잡다한 지식의 축적으로 머리만 커지고, 자기 위주로만 살기에 남을 배려하는 가슴이 사라진 데다가 말초신경만 발달한 기괴한 몰골의 현대인을 '프린츠홀른 인간'이라 칭했다. 쾌락만 추구하면 쾌락에 빠지게 되고, 사사였던 삼손이 들릴라의 무릎에서 쾌락을 찾다가 눈이 뽑힌 것처럼 눈이 가리워져 버린다. 그래서 현대인들은 하나님을 '쾌락의 방해꾼' 내지는 '기쁨의 파괴자'로 여긴다. –김필곤

도입을 위한 질문

❶ 여러분도 하나님을 '쾌락의 방해꾼'이나 '기쁨의 파괴자'라고 생각합니까?

❷ 그리스도인은 육체의 즐거움을 거부하는 금욕주의자가 되어야 합니까?

본문 질문

❶ 전도자는 즐거움 속에 유익(이트론)이 있는지를 연구하기 위해 자기 자신을 실험대상으로 삼았습니다(1절). 전도자는 웃음과 희락에 대해 어떤 결론을 내립니까?(2절)

* 미친 것(2절): '바보스럽다'라는 의미이다.

❷ 전도자는 또 다른 즐거움으로 자신을 실험하기 위해 무엇을 마실지 생각합니까?(3절)

* 즐겁게 할까(3절): '새롭게 할까'(to refresh)라는 뜻이다.

❸ 전도자는 사업을 확장하고, 자신을 위하여 무엇을 짓고 만듭니까?(4-6절)

* 동산과 과원(5절): '낙원'을 가리키는 말로 파르데씸(히브리어), 파리다이다(고대 페르시아어) ➜ 파라데이소스(헬라어) ➜ 파라다이스(영어)라고 말한다.

❹ 전도자는 엄청난 부동산을 관리하기 위해 무엇을 삽니까?(7절)

* 고대에는 노예끼리 결혼시킴으로 노예를 재생산했다.

❺ 다음 글을 읽고 쾌락을 이기는 방법에 대해 정리해보십시오.

기독교는 오랫동안 쾌락은 성경적이지만 쾌락주의는 그렇지 않다고 가르쳐 왔다. 이 가르침은 여전히 유효하다. 왜냐하면 이는 시대에 따라 바뀔 수 없는 계시의 교훈이기 때문이다. 하나님 없는 쾌락, 브레이크가 없는 쾌락은 결국 파멸을 불러오기 때문이다. 성경의 테두리를 벗어난 쾌락도 마찬가지이다. 지혜자는 그래서 쾌락이 우리에게 손짓할 때 쾌락의 결말을 보고 행동해야 한다고 가르친다. 그래서 지혜로운 인생은 브레이크를 수시로 점검할 줄 안다. 이 브레이크 점검의 기술은 바로 말씀의 경고에 귀를 기울이기 위해 부단히 노력하는 것이다. 주님의 훈계와 책망에 귀를 기울이고 자신을 다스릴 때 우리는 방종의 값을 지불할 필요가 없다. —이동원

❻ 전도자가 누린 부귀영화는 상상을 초월했습니다. 그가 누렸던 부와 성공, 쾌락과 여자에 대해 정리해보십시오(8절).

❼ 전도자는 눈이 원하는 대로, 마음이 기뻐하는 대로 끝까지 가보는 수고를 했습니다. 그 모든 수고로 마음이 어떠했습니까?(9–10절)

❽ 하지만 그 기쁨도 잠시 잠깐이었습니다. 전도자는 자신이 한 모든 일들에 대해 어떤 결론을 내렸습니까?(11절)

* 무익(11절): 원어로는 '히-웨엔 이트론'이며, 유익(이트론)의 반대라는 뜻이다.

더 깊은 연구와 묵상을 위하여

❶ 쾌락에 대한 열광은 말세의 특징입니다. 본문과 디모데후서 3:1–5을 연결해서 연구해보십시오.

❷ 전도자가 해 아래에서 무익한 것이라고 결론 내린 것들을 자세하게 정리한 후, 여러분이 인생에서 추구하고 있는 목표들과 비교해보십시오.

적용을 위한 글

전도자는 모든 종류의 쾌락을 맛보았고 온갖 부귀영화를 누리면서 그 안에 참된 유익이 있는지 연구해보았다. 하지만 그 안에서 참된 유익을 발견할 수 없었다. 창조 이래로 인간은 끊임없이 하나님 없는 쾌락을 추구해왔다. 쾌락을 위해서라면 어떤 노력이나 대가도 지불하려고 한다. 자신이 누리고 있는 쾌락을 자신이 수고한 대가라고 생각하며 스스로를 위로하고 쾌락을 누리는 자신을 정당화한다. 하지만 쾌락은 마음 깊이 영원히 남는 참된 만족을 주지 못한다. 그것은 잡히지 않는 바람과 같으며 있다가 사라지는 안개일 뿐이다.

적용 및 결단을 위한 질문

❶ 여러분은 요즘 무엇에서 즐거움을 찾고 있습니까?

❷ 여러분은 무엇을 위해 돈을 벌고 재산을 늘리고자 합니까?

04 지혜와 어리석음

본문 전도서 2:12-17

외울말씀 지혜자도 우매자와 함께 영원하도록 기억함을 얻지 못하나니 후일에는 모두 다 잊어버린 지 오랠 것임이라 오호라 지혜자의 죽음이 우매자의 죽음과 일반이로다(16절)

도입을 위한 글

윌리엄 글래드스턴(William Ewart Gladstone) 경은 19세기 영국 자유당의 위대한 지도자이며 총리를 지낸 인물이다. 그에게 한 젊은이가 인생 상담을 요청했다. "총리님, 제 인생 계획에 도움을 주십시오." "그래, 자네는 무슨 일을 하려는가?" "예, 저는 법률을 공부하고자 합니다." "그 다음은?" "변호사가 되고자 합니다." "그 다음은?" "아마도 죽을 것입니다." "그 다음은?" 그러자 그 젊은이가 머뭇거리며 이렇게 대답했다. "그 이상은 생각해본 적이 없습니다." 그러자 글래드스턴은 이렇게 충고했다. "젊은이, 자네는 어리석은 사람일세. 돌아가서 인생이 무엇인지 철저히 생각해보게나." 인생이 현세로 끝난다고 생각하는 사람은 어리석다. 내세는 현세를 인도하는 등대이며 깃발이다. 내세의 목표가 분명한 사람만이 현세를 올바르게 걸어갈 수 있다.

–피영민

도입을 위한 질문

❶ 여러분은 죽음 이후에 어떻게 될 것이라고 생각합니까?

❷ 죽음 이후에 영원한 생명을 누리기 위해 여러분은 무엇을 준비하고 있습니까?

본문 질문

❶ 전도자는 지나온 삶을 뒤돌아보았습니다. 전도자가 돌이켜서 본 것은 무엇입니까?(12절)

* 망령됨과 어리석음(12절): 히브리 원문에는 미치도록 어리석음(mad folly)으로 되어있다. 어리석음의 극단을 말한다.

❷ 전도자는 앞서 자신의 지혜가 과거나 현재의 그 어떤 사람보다 훨씬 더 뛰어나다고 했습니다(1:16, 2:9 참조). 이어서 전도자는 자신의 지혜가 누구를 능가할 것이라고 합니까?(12절)

* 전도자가 어리석음의 극단에서부터 지혜의 극단까지, 그 사이에 있는 인간 지식의 모든 것을 철저히 탐구했다는 뜻이다.

❸ 지혜와 어리석음(우매)을 비교할 때 무엇이 더 유익합니까?(13절)

* 뛰어남(13절): 원어로 '히–예쉬 이트론'이며, 상대적으로 유익하다는 뜻을 가지고 있다.

❹ 어둠 속을 다니는 우매자와 달리 지혜자가 빛 가운데 다닐 수 있는 이유는 무엇입니까?(14절)

❺ 다음 글을 읽고 죽음이라는 운명 앞에 선 인간들의 공통점에 대해 정리해보십시오.

> 훌륭한 위인 중에 크리스천이 많은 것처럼 무신론자 또한 많다. 영국의 시인 바이런(George Byron)은 사랑의 시인으로 유명하다. 그는 자신의 시처럼 인생의 즐거움을 위해 살았다. 그런 그가 젊음을 잃고 나서 노년에 이렇게 고백했다. "나의 인생은 말라버린 낙엽이로구나, 나에게는 이제 슬픔만이 남아있다." 프랑스의 지성이라 불리는 철학자 볼테르(Voltaire)는 당시 기독교의 모습에 실망한 나머지 하나님마저 불신하는 무신론자가 되고 말았다. 그러나 그는 죽음에 직면해서 이런 말을 남겼다. "나는 차라리 태어나지 않았다면 좋았을 것이다. 나는 이제 지옥에 가는구나!" 미국의 독립선언서에 큰 영향을 끼친 작가 페인(Thomas Paine)은 평등한 인권을 주장했으나 정작 기독교인을 향해서는 비난과 조롱을 일삼았다. 사람들을 설득해서 무신론자로 만들려고 일생을 노력했던 그 역시 죽음의 문턱에서 이렇게 고백했다. "하나님, 나를 도와주소서. 주여, 나를 도와주소서." 일생에 걸쳐 신

을 부정하던 사람들이 죽음 앞에서는 자신의 삶을 후회하며 신의 도움을 구했다. 죽음은 어느 누구도 피해갈 수 없기에 인간은 죽음 앞에서 진실해진다. 하나님을 무시하며 자신의 뜻대로 살아간 사람들은 자신이 미래를 알 수 없는 상황이 올 때에 두려워하며 지나온 삶을 후회한다. 더 많은 사람이 삶의 끝에서 후회하기 전에 하나님의 사랑과 선하심의 본이 되자!

–김장환, 「큐티 365」

❻ 지혜는 어리석음에 비해 상대적으로 유익합니다. 하지만 결국에는 지혜자나 어리석은 자나 똑같이 무슨 일을 당하기 때문에 지혜도 헛된 것이 됩니까?(14–15절)

* 모두가 당하는 일(14절): 죽음이라는 운명을 뜻한다.

❼ 지혜자는 어리석은 자보다 더 오래 기억됩니까?(16절)

❽ 죽음이라는 렌즈로 인생을 관찰한 전도자는 인생에 대해 어떤 비극적인 결론을 내립니까?(17절)

더 깊은 연구와 묵상을 위하여

❶ 지혜자의 죽음과 우매자의 죽음은 동일합니다. 심지어 성경은 인간의 죽음을 무엇과도 같다고 표현합니까?(시 49:12 참조)

❷ 지혜뿐만 아니라 재물과 개인적인 업적도 죽음의 운명 이후에 영원한 생명을 보장해주지 않습니다. 여러분에게 영원한 생명을 보장해주는 것은 무엇입니까?

적용을 위한 글

다른 사람보다 많이 배우고 지혜롭게 사는 것이 어리석게 사는 것보다 유익하다. 하지만 지혜 자체가 우리의 영원을 보장해주는 것은 아니다. 지혜의 유효기간은 해 아래에 있을 때까지이다. 죽음 건너편으로는 지혜와 지식을 가지고 갈 수 없기에 지혜는 자랑거리가 될 수 없다. 영원한 생명을 추구하는 그리스도인에게 세상의 지혜는 더 이상 자랑거리가 될 수 없다. 바울도 그리스도를 만난 이후에 자신이 가진 모든 것을 버렸다. 오직 하나님만이 우리 삶의 견고한 기초가 된다는 것을 기억하라. 이 기초 위에 인생을 세울 때 영원한 생명을 얻을 수 있다. 세상 사람처럼 눈앞에 보이는 세상 것들만 좇다가는 때늦은 후회를 하게 될 수도 있다.

적용 및 결단을 위한 질문

❶ 여러분은 죽음 이후의 문제를 망각한 채 눈앞에 보이는 문제에만 골몰하지는 않습니까?

❷ 여러분은 남보다 더 지혜롭다고 생각하면서 교만한 마음을 품지는 않습니까?

05 마음을 더 기쁘게 하는 것

본문 전도서 2:18-26

외울말씀 사람이 먹고 마시며 수고하는 것보다 그의 마음을 더 기쁘게 하는 것은 없나니 내가 이것도 본즉 하나님의 손에서 나오는 것이로다 (24절)

도입을 위한 글

어느 날 갑자기 아버지께서 교통사고로 돌아가셨다. 나는 슬픔보다도 인생에 대한 깊은 허무와 절망을 맛보았다. 인생의 진정한 의미는 무엇인가? 대중음악으로 '아내에게 바치는 노래', '날개', '옥경이', '칠갑산' 등의 작품을 발표하면서 조운파라는 이름을 세상에 알리고 경제적으로도 큰 어려움이 없었지만, 마음의 공허감을 떨쳐버릴 수가 없었다. '사람은 왜 죽어야만 하는가?'라는 의문이 계속되었고, 인생에서 가장 분명한 죽는다는 사실이 항상 내 삶 가운데 어두운 그림자를 드리우고 있었다. 1980년대 초에 나는 개인적인 사정으로 가족들과 잠시 떨어져 하숙생활을 하게 되었는데, 집주인 어른은 독실한 장로님이셨다. 그분은 언제나 친절하고 자상했으며 나를 친아들같이 대해주셨다. 그러던 어느 날 이런저런 생각에 깊은 잠을 못 이루고 밤새 뒤척이다가 화장실을 가던 중에 장로님 내외분이 나와 내 가족을 위해 울며 기도하시는 소리를 들었다. 그때 나는 큰 충격을 받았다. 이 새벽에 깨어나 자신도 아닌 다른 사람을 위해 울면서 기도하는 사람들이 있다니! 그리고 불현듯 지금도 나를 위해 교회당 마룻바닥에 늙고 피곤한 몸으로 무릎 꿇고 기도하실 고향의 어머님 생각이 났다. 나의 마음은 무너지며 하염없이 눈물이 흘러내렸다. '효도하는 셈 치고 교회나 나가 볼까….' 그다음 주일에 나는 교회에 나갔다. 영적인 체험을 통해 내 안에 평안이 찾아왔고, 내 인생관이 달라졌으며, 삶의 목적과 의미가 달라졌다. 그리고 누구도 나에게서 앗아갈 수 없는 영생으로 인해 기쁨을 누리게 되었다. –조운파

도입을 위한 질문

❶ 여러분에게는 산다는 것이 즐겁고 기쁜 일입니까?

❷ 작곡가 조운파에게 찾아온 평안과 기쁨은 어디에서 온 것입니까?

본문 질문

❶ 전도자는 해 아래에서 한 모든 수고를 왜 미워하게 되었으며 실망하게 되었습니까?(18, 20절)

* 수고(18절): 노동의 결과로 얻은 부나 성공을 뜻한다.
* 미워하였노니(18절): 싫어한다는 뜻이다.

❷ 지혜를 다해 수고한 결과가 죽은 후에 어떤 이에게 가는지 알 수 있습니까?(19절)

❸ 전도자는 평생 힘을 다해 얻은 것들이 아무런 수고도 하지 않은 자에게 상속되는 현상을 어떻게 평가합니까?(21절)

* 몫(21절): 상속, 유산이라는 뜻이다.
* 큰 악(21절): 커다란 불행이라는 뜻이다.

❹ 전도자는 사람이 일평생 수고하고 애써도 결국 무엇만 남을 뿐이라고 하며 탄식합니까?(22-23절)

❺ 다음 글을 읽고 죽음을 준비하는 삶에 대해 정리해보십시오.

아도니람 저드슨(Adoniram Judson)은 플리머스의 한 회중교회 목사의 맏아들로 태어났다. 그는 16세에 대학교에 들어가 총명한 학생으로서 두각을 나타냈다. 그리고 똑똑하고 재능 있는 제이콥 에임즈라는 친구를 사귀었다. 그런데 에임즈는 기독교를 맹렬하게 반박하는 자였다. 그의 영향으로 저드슨은 대학교를 졸업할 즈음에 기독교의 가르침을 저버렸다. 부모님이 자신을 삶다운 삶에서 격리시켰다고 생각한 저드슨은 세상을 제대로 보기 위해 뉴욕으로 떠났다. 도중에 그는 작은 마을을 지나게 되었는데 여인숙에 남은 방이라곤 죽어 가는 어떤 남자가 묵고 있던 방의 옆방뿐이었다. 달리 도리가 없어서 그 방에 들었다. 그러나 밤새도록 죽어 가는 사람의 신음 소리가 들려왔다. 저드슨은 불길한 상황에서 생각에 잠겼다. '나는 죽음의 문 저편으로 갈 준비가 되어있는가?' 다음 날, 저드슨은 숙박비를 지불하면서 옆방 사람에 대해 물어보았다. 여인숙 주인은 "죽었습니다. 프로비던스 대학교에 다닌다는 젊은이였어요. 이름이 에임즈였습니다. 제이콥 에임즈"라고 대답했다. 저드슨은 하나님이 자신에게 긴박한 경고를 보내셨음을 깨닫고 즉시 말을 타고 부모님께로 돌아갔다. 그리고 남은 생을 복음 전파에 바쳤다. 그는 아내 앤과 함께 버마로 가서 선교사로 섬겼으며 많은 선교 기관의 설립을 도왔다. —헨리 & 리처드 블랙커비,「하나님 음성에 응답하는 삶」

❻ 사람이 수고한 열매를 즐기고 누리는 것보다 좋은 것은 없습니다. 전도자는 이것이 어디에서 나오는 것이라고 합니까?(24절)

❼ 전도자는 하나님을 떠나서 삶의 기쁨을 누릴 수 있다고 했습니까?(25절)

* 25절은 "그를 떠나서 누가 먹을 수 있으며 누가 즐길 수 있으랴?"라는 의미로 이해해야 한다.

❽ 하나님께서는 하나님이 기뻐하시는 자와 죄인 모두에게 무엇을 주십니까?(26절)

더 깊은 연구와 묵상을 위하여

❶ 유대인들은 추수 때에 열렸던 가장 즐거운 축제인 장막절에 전도서를 읽었습니다. 유대인들이 가장 즐거운 축제에 전도서를 읽었던 이유는 무엇입니까?(24–25절)

❷ 마음의 기쁨이 하나님의 은총으로 주어지는 것이라면 여러분이 해야 할 일은 무엇입니까?

적용을 위한 글

우리는 평생 수고해서 얻은 결과물을 죽음 이후에는 조금도 가지고 갈 수 없다. 뼈 빠지게 일해서 모은 돈이나 온갖 방법을 다 써서 올라간 자리 등은 죽을 때 모두 놓고 가야 할 것들이다. 부지런히 일하는 것이 나쁘다는 것이 아니다. 하지만 더 중요한 것은 내가 무엇을 위해서 수고하며, 수고의 열매들을 하나님 안에서 누리고 있는가이다. 우리는 하나님을 의지하며 의존하도록 창조된 존재이다. 하나님 안에서 노동하면서 먹고 마시며 기뻐하는 자만이 참으로 행복한 자이다. 더 많이 가지거나 더 높이 올라가려고 하나님을 소홀히 하는 것처럼 미련한 일은 없을 것이다.

적용 및 결단을 위한 질문

❶ 재산과 성공 중에서 여러분이 죽은 후에 가지고 갈 수 있는 것이 있습니까?

❷ 여러분은 하나님 안에서 인생을 즐기는 비결이 있습니까?

06 때가 있다

본문 전도서 3:1-15

외울말씀 하나님이 모든 것을 지으시되 때를 따라 아름답게 하셨고 또 사람들에게는 영원을 사모하는 마음을 주셨느니라 그러나 하나님이 하시는 일의 시종을 사람으로 측량할 수 없게 하셨도다 (11절)

도입을 위한 글

시카고대학 경제학과 교수인 밀턴 프리드먼(Milton Friedman)은, 「죽은 경제학자의 살아있는 아이디어」에 실린 '샤워실의 바보' 예시를 통해 유명해졌다. 한 바보가 씻으려고 샤워실에 들어갔다. 처음에 수도꼭지를 틀었더니 샤워기에서 찬물이 쏟아져 나왔다. 조금만 기다리면 더운물이 나올 텐데 놀란 바보는 기다리지 못하고 뜨거운 물이 나오도록 수도꼭지를 왼쪽 끝까지 틀었다. 갑자기 너무 뜨거운 물이 나오자 이번엔 오른쪽 끝까지 수도꼭지를 돌렸다. 그러자 이번엔 아주 차가운 물이 쏟아져 나왔다. 바보는 결국 샤워를 하지 못했다. 이 이야기는 어리석은 경제 정책을 시행하는 정부를 바보에 빗댄 이야기이다. 그러나 이러한 경우가 비단 경제 정책뿐이겠는가? 어리석은 사람은 인생에서 상황과 때를 정확히 이해하지 못하여 물러설 때와 나아갈 때, 취해야 할 때와 버려야 할 때를 분별하지 못한다. 기다리면서 때를 분별하는 것이 지혜이다. -이주연

도입을 위한 질문

❶ 여러분은 때를 잘 분별하여서 때에 맞게 행동합니까?

❷ 기뻐해야 할 때 슬퍼하고, 슬퍼해야 할 때 기뻐하는 사람은 어떤 사람입니까?

본문 질문

❶ 전도서 3장의 문학 장르는 시입니다. 전도자는 하늘 아래 모든 일에는 무엇이 있다고 합니까?(1절)

* 기한(1절)과 때(1절)는 같은 말이다. 기한과 때는 하나님이 결정하신 하나님의 질서를 말한다.

❷ 전도자는 긍정적인 것(+)과 부정적인 것(−)을 대조시키면서 14가지의 때를 소개합니다. 다음의 표를 통해 정리해보십시오.

출생과 죽음(2절)	날 때	+		−
		+	심은 것을 뽑을 때	−
생명력 부여 및 유지(3절)	죽일 때	−		+
		−	세울 때	+
개인과 공동체의 감정(4절)	울 때	−		+
		−	춤출 때	+

소유와 관련하여(5-6절)	돌을 던져 버릴 때	−		+
		+	안는 일을 멀리 할 때	−
	찾을 때	+		−
		+	버릴 때	−
감정적인 차원에서(7절)	찢을 때	−		+
		−	말할 때	+
개인과 공동체의 감정(8절)	사랑할 때	+		−
		−	평화할 때	+

❸ 다음 글을 읽고 하나님의 때를 기다리는 지혜에 대해서 정리해보십시오.

그리스와 페르시아 전쟁 때의 일이다. 페르시아의 함대가 쳐들어온다는 급보를 전해 들은 그리스는 데미스토클레스를 총지휘관으로 임명하여 그들이 공격하기 전에 선제공격을 가하도록 했다. 그리하여 출전 준비를 모두 끝낸 병사들은 총지휘관의 명령이 떨어지기만을 기다리고 있었다. 그런데 이상하게도 총지휘관인 데미스토클레스는 출전할 기색이 보이지 않고 오히려 적이 쳐들어오기를 바라는 사람처럼 가만히 있는 것이었다. 그러자 병사들은 술렁이기 시작했고, 일부에서는 그를 비방하고 야유를 퍼붓기까지 했다. 심지어 반란이 일어날 조짐까지 보였다. 그러나 그는 조용하기만 했다. 그러던 어느 날 총지휘관은 드디어 공격 명령을 내리고 앞에서 지휘했다. 알고 보니 그는 육풍이 불어오기를 기다렸던 것이다. 결국 그리스는 바람을 등에 업고 노를 젓는 사람까지 전 인원이 전투에 참여하여 크게 승리할 수 있었다. 우리는 하나님의 때를 참고 기다릴 줄 알아야 한다. 그 하나님의 때가 이르면 모든 일이 순풍에 돛을 단 듯이 순조롭게 해결된다.

❹ 인간은 하나님이 정하신 때 안에서 일하고 수고하며 애씁니다(9-10절). 하나님의 때는 아름답고 완전합니다. 하지만 일의 시종을 모르는 인간은 답답함을 느낍니다. 그래서 인간은 무엇을 사모합니까?(11절)

❺ 먹고 마시고 수고하는 현재의 일상 속에서 낙을 누리는 것은 하나님의 무엇입니까?(12-13절)

❻ 인간은 하나님께서 행하시는 것에 더 할 수도, 덜 할 수도 없는 피조물일 뿐입니다. 그러므로 인간은 피조물의 한계를 빨리 인정하고 하나님 앞에서 어떻게 반응해야 합니까?(14절)

더 깊은 연구와 묵상을 위하여

❶ 인생에서 긍정적인 일만 계속되는 것이 가능합니까?

❷ 인간은 시간과 공간 안에 갇혀 있는 존재입니다. 그렇다면 영원은 무엇입니까?

적용을 위한 글

세상의 일들이 혼란스러워 보일지라도 모든 것은 하나님의 질서 안에 있다. 하나님께서는 세상의 모든 일의 때를 친히 정하시고 모든 것을 통치하신다. 하지만 기한과 때를 우리가 생각하는 시간으로 오해해서는 안 된다. 하나님께서는 모든 것이 정해진 시간표에 의해 돌아가는 운명론적인 세상을 창조하지 않으셨다. 하나님께서는 인간에게 결정할 수 있는 권한을 주셨다. 세상의 모든 때를 이해할 수는 없어도 크신 하나님의 섭리를 바라보라. 모든 때는 지나간다. 하나님이 주시는 영원을 사모하는 마음으로 현재의 모든 때를 인내하며 나아가자.

적용 및 결단을 위한 질문

❶ 여러분의 고통스러운 현실을 인정하고 받아들이기 위해서는 어떠한 노력이 필요합니까?

❷ 여러분은 형통한 날과 곤고한 날을 결정할 수 없습니다. 그저 때에 따라 적절히 반응할 뿐입니다. 형통한 날과 곤고한 날에는 각각 어떻게 해야 합니까? (전 7:14 참조)

07 불의와 즐거움

본문 전도서 3:16-4:3

외울말씀 그러므로 나는 사람이 자기 일에 즐거워하는 것보다 더 나은 것이 없음을 보았나니 이는 그것이 그의 몫이기 때문이라 아, 그의 뒤에 일어날 일이 무엇인지를 보게 하려고 그를 도로 데리고 올 자가 누구이랴 (22절)

도입을 위한 글

때로는 도시와 아파트를 벗어나 홀로 숲 속을 걸어보라. 바닷가에 이르러 맨발로 모래를 밟으며 걸어가보라. 일상의 감옥에서 벗어나 참된 자신에게로 돌아가게 될 것이다. 그리고 깊은 기도를 얻게 될 것이다. 그리고 진정한 만족과 내면의 풍요와 기쁨을 누리게 될 것이다. 타고르는 삶을 이렇게 노래했다. "나의 행복은 너무나 크고 즐거움이 너무나 깊어 삶에 도취되었습니다. 나의 삶은 오늘에서야 비로소 깨어났으나 나는 그 이유를 알지 못합니다. 멀리서 바다의 노랫소리가 들려옵니다. 아! 이제껏 나의 몸은 얼마나 멍청하고 비참한 상태 속에서 살았던가. 감옥을 부수어라. 하나 둘 차례차례 부수어버려라. 오늘 하루 새들은 얼마나 멋지게 노래하는가? 한 다발의 햇살이 나에게 와 닿습니다."

—이주연

도입을 위한 질문

❶ 여러분은 인생이 감옥처럼 느껴집니까?

❷ 숲 속, 바닷가, 새소리, 한 줄기 햇살 속에 숨겨진 즐거움을 찾아본 적이 있습니까?

본문 질문

❶ 전도자는 인간의 무지로 인해 발생하는 세상의 불의를 발견했습니다. 전도자가 발견한 첫 번째 불의는 무엇입니까?(16절)

❷ 인간의 무지는 재판의 정의를 왜곡합니다. 하지만 결국 누가 의인과 악인을 심판합니까?(17절)

* 심판(17절): 판결을 선고한다는 뜻이다. 종말에 있을 최종 판결을 의미한다.

❸ 전도자가 발견한 두 번째 불의는 죽음입니다. 인간과 짐승은 어떤 면에서 똑같습니까?(18-20절)

❹ 고대인들은 인간의 혼은 위로 올라가고 짐승의 혼은 땅으로 내려간다고 생각했습니다. 전도자는 이러한 사후 세계관에 대해 어떤 질문을 합니까?(21절)

* 전도자의 질문은 반문(反問)이다.

❺ 다음 글을 읽고 불의에서 벗어나는 삶에 대해서 정리해보십시오

> 많은 사람이 부정한 방법으로 재물을 취하는 일에 매달리는 이유는 그 순간에 당장 누리는 재물의 쾌락이 너무나 강렬하기 때문이다. 그런 의미에서 돈은 결코 중립적인 도구가 아니다. 돈 자체는 선도, 악도 아니라는 말씀은 옳다. 그러나 일단 우리가 돈을 추구하는 일에 매달리면 악마는 우리 곁에 바짝 다가온다. 그리고 악마는 우리가 추구하는 재물이 불의한 재물이 되도록 우리를 향한 공작을 시작한다. 온갖 방어기제를 총동원하여 우리를 설득할 것이다. 재물의 가치는 결국 어떻게 사용하느냐가 중요하다고 말할 것이다. 그래서 재물을 모으는 방법은 중요하지 않은 것처럼 우리를 설득한다. 그 순간부터 재물은 불의한 재물이 된다. 그러므로 우리에게 필요한 것은 모든 일의 궁극성을 묵상하는 영성훈련이다. 그것은 하나님의 심판의 렌즈를 통해 현실을 성찰하는 것이다. 이는 미래의 결과로 오늘을 판단하는 훈련이다. 모든 불의한 재물은 결국 무익하게 되고 만다. 그러나 공의롭게 살고자 하는 자는 결국 하나님의 구원의 손길을 경험하게 된다. 그 인생 자체가 하나님의 도구가 되기 때문이다.
>
> —이동원

❻ 인생은 불의와 불확실성으로 가득합니다. 그래서 전도자는 어떻게 사는 것이 가장 좋다고 말합니까?(22절)

* 뒤에 일어날 일(22절): 죽고 난 후에 벌어질 일이라는 뜻이다.

❼ 전도자가 발견한 세 번째 불의는 무엇입니까?(4:1)

❽ 전도자는 차라리 세상의 불의를 경험하지 않는 것이 낫다고 합니다. 전도자가 더 복되다고 한 자들은 누구입니까?(4:2-3)

더 깊은 연구와 묵상을 위하여

❶ 하나님께서는 작은 자에게 냉수 한 그릇 준 것이나 무심코 던진 말 한 마디도 심판하십니까? 만약 그것이 사실이라면, 여러분은 어떻게 살아야 합니까?(마 10:42, 12:36 참조)

❷ 인간과 짐승의 차이점은 무엇입니까?

적용을 위한 글

전도자는 3:16-4:16에서 해 아래에서 행해지는 일들 중에서 골치 아프고 수수께끼 같은 여섯 가지 사례를 소개한다. 전도자는 주권자이신 하나님께서 다스리시는 세계 가운데서 여러 가지 불의와 역설들을 발견하면서 큰 혼란을 느꼈다. 전도서 3:16-17에서는 재판정에서 일어나는 불의를, 3:18-21에서는 짐승과 똑같은 인간의 죽음이라는 역설을 이야기했다. 하지만 3:22에서는 이러한 해 아래에서의 불의와 역설에도 하나님은 즐거움을 선물로 주시고 그것을 누리도록 하신다는 긍정적인 메시지도 전했다. 코헬렛은 계속해서 해 아래에서의 삶을 진흙탕과 같이 부정적으로 그려내고 있지만, 그러면서도 가끔씩 진흙탕 속에서 피어난 한 송이 꽃을 그려주고 있다. 그 꽃이 바로 하늘 위에서 내려오는 선물인 '즐거움'이다. 진흙탕 한가운데 피어나는 한 송이 꽃(즐거움)이 귀하고 귀한 것처럼 헤벨(헛됨)뿐인 해 아래에서 이트론(유익)을 향한 갈망이 더욱 진해지도록 유도한다.

적용 및 결단을 위한 질문

❶ 주변에 억압받거나 부당한 대우를 받는 사람이 있습니까? 여러분은 그들을 어떻게 위로합니까?

❷ 여러분은 자기 일에 즐거워합니까?

08 함께 사는 것

본문 전도서 4:4-16

외울말씀 두 사람이 한 사람보다 나음은 그들이 수고함으로 좋은 상을 얻을 것임이라 (9절)

도입을 위한 글

얼마 전에 내가 가르치는 탈북 학생들과 함께 '크로싱'이라는 영화를 보았다. 이 영화는 북한에 살고 있는 한 가족의 현실과 슬픔을 그린 영화이다. 그 영화를 보면서 관람석은 눈물바다가 되었다. 탈북 학생들도 모두 펑펑 울었다. 그런데 나는 함께 울면서도 한편으로는 무척 행복했다. 그전까지 "선생님, 저는 울지 않아요. 울면 뭐해요? 다른 사람들은 관심도 없는데 혼자 아프다고 울고 싶지 않아요" 하면서 마음 문도, 눈물도 꼭꼭 잠가두었던 아이들이 눈물을 터뜨렸기 때문이다. 그런 아이들이 이날 왜 울었을까? 이제 겨우 열일곱, 열여덟밖에 되지 않은 아이들이 남한의 친구들은 상상할 수도 없는 아픔을 혼자서만 삭이다가, 북한 동포들의 아픔에 공감해서 우는 사람들의 눈물을 보고 마음이 열렸기 때문이다. 그냥 함께 울어주자. 그것만으로도 우리의 이웃은 행복하다.

—조명숙

도입을 위한 질문

❶ 여러분은 최근에 어떤 사람과 함께 웃거나 울어본 적이 있습니까?

❷ 여러분은 지금 어떤 경쟁 속에서 살아가고 있습니까?

본문 질문

❶ 전도자가 세상에서 발견한 네 번째 불의는 경쟁입니다. 다른 사람보다 뛰어난 사람이 되기 위해 모든 수고를 다하고 모든 재주를 동원하는 사람은 결국 이웃에게 무엇을 받습니까?(4절)

❷ 우매자, 즉 경쟁을 회피하는 게으른 자는 결국 어떻게 됩니까?(5절)

* 자기의 몸만 축내는도다(5절): 문자적으로 '그 자신을 먹어 치우다'라는 뜻이다. 스스로 허물어뜨려서 결국 망하게 된다는 의미이다.

❸ 전도자는 경쟁의 양극단, 즉 극단적인 경쟁으로 두 손에 가득한 것이나 게으른 자의 빈손을 피하라고 하면서 무엇이 가장 좋다고 합니까?(6절)

❹ 끝없는 수고로 부자가 되었지만 나누지 않고 이기적으로 사는 탓에 외롭고 쓸쓸하게 사는 사람이 있습니다. 그의 수고는 결국 어떻게 될 뿐입니까? (7-8절)

* 전도자가 발견한 다섯 번째 불의는 이기심과 외로움이다.

❺ 다음 글을 읽고 적자생존의 원칙이 인간사회에 똑같이 적용할 수 있을지에 대해 정리해보십시오.

> 적자생존의 원칙을 모든 생물에 적용되는 보편적인 현상으로 받아들여서 인간 사회를 갈등과 대립과 투쟁의 공식으로 해석해서는 안 된다. 식물과 곤충의 먹이 사슬이 다르듯이, 동물과 인간은 삶의 양식이 다르다. 인간됨이 무엇인지를 사유할 수 있는 능력과 서로의 마음을 구체적으로 전달할 수 있는 언어 능력, 환경에 적응하여 살 수 있는 도구를 만드는 능력, 서로 의지하고 상호 부조할 수 있는 도덕성, 무엇보다 하나님의 존재를 인식하는 신앙 등은 동물에게는 없는 인간의 독특한 능력이다. 그러므로 동물의 세계와 비교하여 인간 사회를 지배하는 가치가 약육강식과 적자생존이라고 주장하는 것은 무리이다. 경쟁은 없을 수가 없다. 건전한 경쟁의식과 적당한 긴장감은 삶에 활력을 불어넣고 사회를 성숙하게 만들어준다. 그러나 지나친 경쟁의식이나 상대방을 죽여야 내가 살고 상대가 살면 내가 죽는다는 전투적인 사고방식은 건전한 생활에 방해가 되고 삶의 질을 떨어뜨린다.
>
> -김필곤, 「함께 사는 경쟁의식」

❻ 두 사람이 함께하는 것이 혼자 하는 것보다 낫습니다. 혼자서는 할 수 없지만 여럿이 하면 누릴 수 있는 좋은 것들은 무엇입니까?(9-12절)

* 세 겹 줄(12절): 3중의 줄, 완벽한 연합과 단단한 결속을 뜻한다.

❼ 전도자는 부와 권력보다 지혜가 더 소중하다고 합니다. 다른 사람의 말을 듣지 않는 늙고 둔한 왕보다 누가 더 낫다고 했으며 결국 지혜로운 사람은 무엇이 된다고 합니까?(13-14절)

❽ 많은 백성은 지혜롭고 젊은 왕을 따를 것입니다. 하지만 그 권력과 명예도 잠깐뿐이며 헛될 뿐입니다. 그 왕을 싫어할 사람들은 누구입니까?(15-16절)

더 깊은 연구와 묵상을 위하여

❶ 일과 노동은 자신과 가족의 행복을 위한 수단일 뿐입니다. 일에 빠져 일 자체가 우상이 되지는 않습니까?

❷ 권력과 명예는 영원하지 않습니다. 그 예를 성경이나 일반 역사 속에서 찾아 보십시오.

적용을 위한 글

인간은 혼자서 살 수 없다. 그래서 다른 사람과 함께 살아간다. 함께 살아갈 때에 경쟁을 피할 수 없지만 과도하게 경쟁할 필요는 없다. 과도하게 경쟁해서 이기면 많은 것을 가질 것 같지만 결국 잃어버리는 것이 더 많다. 차라리 덜 갖고 다른 사람과 함께 사는 것이 좋다. 부와 권력은 결국 사라지기 때문이다. 영원히 남는 것은 섬김과 사랑이다. 섬기고 사랑할 때 얻게 되는 따뜻함과 즐거움은 영원히 남는다. 다른 사람의 소리를 듣고 다른 사람을 위해 참고 다른 사람과 함께 살아갈 때 우리는 비로소 인생의 참된 의미를 발견하게 될 것이다.

적용 및 결단을 위한 질문

❶ 여러분은 다른 사람의 말을 경청하면서 함께 더불어 살아가고 있습니까?

❷ 여러분은 경쟁을 피할 수 없는 무한 경쟁의 시대에 살고 있습니다. 과도한 경쟁이나 회피가 아닌 지혜로운 경쟁을 합니까?

09 하나님 앞에서

본문 전도서 5:1-12

외울말씀 너는 하나님 앞에서 함부로 입을 열지 말며 급한 마음으로 말을 내지 말라 하나님은 하늘에 계시고 너는 땅에 있음이니라 그런즉 마땅히 말을 적게 할 것이라 (2절)

도입을 위한 글

하나님을 믿는다 함은 하나님 앞에서 산다는 말이다. 하나님 앞에서 산다 함은 하나님을 의식하며 산다는 말이다. 하나님을 의식하며 산다 함은 사람들에게 어쩔 수 없이 오해를 받더라도 하나님이 보신다는 사실을 기억하며 산다는 말이다. 그런데 사람이 하나님 앞에서 산다는 것은 결코 쉬운 일이 아니다. 하나님 앞에서 산다고 하지만 다른 사람들을 의식할 때가 대부분이고, 눈에 보이지 않는 하나님보다는 눈에 보이는 사람을 더 의식하기 때문이다. 사람들에게 인정받아야 살 맛 나는 것이 보통이므로 사람들의 눈을 생각하지 않고 산다는 것은 여간 어려운 일이 아니다. 그렇지만 사람들에게 인정을 받으려고 하면 할수록 하나님께로부터 멀어질 위험이 점점 더 커진다. 이와는 반대로 사람들의 눈길을 아예 느끼지 않을 수야 없겠지만, 사람들의 반응에 별로 마음 쓰지 않고 하나님 앞에서 참되게 살아가면 뜻밖에도 많은 사람의 존경을 받는 일이 벌어지기도 한다.

—박동현

도입을 위한 질문

❶ 여러분은 평소에 하나님을 얼마나 의식하면서 행동합니까?

❷ 하나님 앞에서 참되게 살아가려면 어떤 일에 더욱 힘써야 합니까?

본문 질문

❶ 어떤 사람이 제물을 드리면서도 악을 행하는 우매한 자들보다 나은 사람입니까?(1절)

❷ 하나님 앞에서 함부로 입을 열지 말아야 하는 이유는 무엇입니까?(2절)

❸ 말이 많은 우매한 자들은 서원도 경솔하게 합니다. 전도자는 서원했을 경우에 어떻게 해야 한다고 합니까?(3–5절)

* 서원(誓願): 하나님께 어떤 일을 하겠다고 인격적으로 약속하고 맹세하는 것을 말한다.

❹ 전도자는 경솔하게 서원하고 책임을 쉽게 면해보려는 자들에게 무엇이라고 충고합니까?(6–7절)

* 천사 앞에서(6절): 율법에 의하면 모르고 범한 잘못은 제사장의 중재로 용서받을 수 있었다. 당시 사람들은 이 법을 악용하여 성전의 천사에게 죄를 고백하기만 하면 면책이 된다고 믿었다.

❺ 다음 글을 읽고 서원이나 서약에 대한 그리스도인의 바른 태도에 대해 정리해보십시오.

서원은 철회의 기회가 없는 약속이지만, '완벽'을 향한 약속은 아니다. 만약 서원을 실천하다가 중간에 실패한다면 다시 일어서라. 나 역시 서원한 것을 지키지 못하는 자신이 매우 싫었다. 그렇지만 서원을 지키지 못함으로 생겨난 후회와 가책이 나를 죄책감이나 정죄로 데려가도록 내버려두지 않는 대신에 서원한 것을 충실하게 지키라는 부르심으로 받아들였다. 예를 들면, 결혼 서약은 완벽해지겠다는 약속이 아니다. 그것은 겸손하게 서로에게 전념하면서 서로를 향한 노력을 지속하겠다는 약속이다. 부부는 결혼 서약이 어느 한쪽이 실수하더라도 여전히 서로를 향해 나아가겠다는 약속이라는 것을 이해하고 있다. 그들은 서약한 것을 완벽하게 지키지 못하는 날도 있고, 후회와 가책을 느끼는 날도 있다는 것을 잘 알고 있다. 또한 결혼 서약이 비록 불완전한 모습일지라도 서로에게 머무를 수 있게 하는 약속이라는 것도 잘 알고 있다. 서원도 마찬가지다. 완벽해지는 것은 서원의 참된 목적이 아니다. 이것을 항상 기억하기 바란다. 서원은 겸손한 심령으로 하나님을 향해 '지속적으로 나아가는 것'이다. 서원은 시작할 자유, 중간에서 실패할 자유, 서원의 약속에 견고히 붙어있을 자유를 허락한다. 이런 삶을 지속하면 자신의 삶에 대한 목적과 소명을 자각할 수 있다.

–에드 겅어, 「서원」

❻ 빈민, 높은 자, 더 높은 자 등 해 아래에 있는 인간 세상에는 불평등한 계급이 존재합니다. 전도자는 그 계급들 사이에서 어떤 현상이 나타난다고 합니까? (8절)

* 어느 지방에서든지: 일반적으로 나타나는 현상이라는 뜻이다.

❼ 땅과 밭의 주인은 하나님이십니다. 그곳에서 나는 소산물은 누구를 위한 것입니까?(9절)

* 소산물: 생산되는 물건을 말한다.

❽ 하지만 부자(소유주)는 끝없는 소유욕으로 그 소산물들을 움켜쥐고 살아갑니다. 전도자는 부자와 노동자의 삶을 어떻게 비교합니까?(10–12절)

더 깊은 연구와 묵상을 위하여

❶ 말씀대로 살지 않으면서 행하는 모든 종교적인 행위는 빈껍데기일 뿐입니다. 말씀대로 살기 위해서는 무엇이 가장 기본이 되어야 합니까?

❷ 돈 자체가 악한 것은 아닙니다. 하지만 돈을 사랑하는 것이 무엇이라고 말합니까?(딤전 6:10 참조)

적용을 위한 글

전도자는 그동안 해 아래에서 일어나는 현상들을 기술하였다. 하지만 가끔 해 위에 계신 하나님에 대해서도 언급한다. 전도자는 하나님이 하늘에 계시며 모든 땅과 밭의 주인이라고 선언한다. 땅에 사는 인간은 하나님 앞에서 겸손하게 살아야 한다. 특히 스스로 높은 자, 가진 자라고 생각한다면 더더욱 겸손하게 살아야 한다. 지금 내가 가지고 있다고 생각하는 것들은 결국 사라질 것이다. 안개나 입김처럼 사라질 헤벨(헛됨)일 뿐이다. 욕심을 따라 더 높은 곳이나 더 많은 것을 추구하는 것처럼 어리석은 일은 없다. 겸손하게 하나님을 의지하면서 열심히 일한 후에 잠을 달게 잔다면 그것이 바로 최고의 삶일 것이다.

적용 및 결단을 위한 질문

❶ 여러분은 땅에 있는 인간으로서 하늘에 계신 하나님 앞에 겸손한 자세로 살아가고 있습니까?

❷ 여러분은 하나님께서 주신 것들에 만족하면서 감사하고 있습니까?

10 재물과 행복

본문 전도서 5:13-6:6

외울말씀 그가 비록 천 년의 갑절을 산다 할지라도 행복을 보지 못하면 마침내 다 한 곳으로 돌아가는 것뿐이 아니냐 (6절)

도입을 위한 글

쉬휘(Gail Sheehy) 여사는 자신의 책 「통로를 찾는 사람들」(Pathfinders)에서 어떤 사람이 삶에 만족하며 사는지 조사했다. 미국의 중산층 남녀를 대상으로 한 광범위한 조사 결과, 만족하며 사는 사람의 8가지 유형은 다음과 같다. 자기 삶의 뜻과 방향을 가진 사람, 자신이 인생을 헛되게 살아왔다고 느끼거나 쉽게 실망하지 않는 사람, 몇 개의 장기 계획을 세우고 그것을 성취한 사람, 현재 누군가를 무척 사랑하고 있는 사람, 친구가 많은 사람, 활달하고 발랄한 사람, 자기에 대한 비평에 대하여 지나치게 신경 쓰지 않는 사람, 마지막으로 큰 두려움이 없는 사람이었다. 주님과 함께라면 이 모든 것이 가능하다. 주님 한 분만으로 만족할 줄 아는 성도가 되자.

–김장환, 「큐티365」

도입을 위한 질문

❶ 요즘 여러분의 삶에서 만족스럽지 못한 부분이 있다면 무엇입니까?

❷ 여러분은 하나님 한 분만으로 만족하고 있습니까?

본문 질문

❶ 전도자가 해 아래에서 보았던 또 하나의 큰 폐단은 무엇입니까?(13절)

❷ 재물이 재난을 막을 수 있습니까? 죽음 이후에 재물은 모두 어떻게 됩니까?(14-15절)

* 재물은 소유하고 있을 때에도 문제이지만(13절), 잃게 될 때에도 문제이다(14절).

❸ 재물에 대한 욕심은 바람을 잡는 것 같은 허망한 수고입니다. 재물의 노예로 살아가는 사람에게 일평생 따라다니는 것은 무엇입니까?(16-17절)

❹ 전도자는 하나님이 주신 재물과 부요를 어떻게 하는 것이 하나님의 선물이라고 합니까?(18-20절)

❺ 다음 글을 읽고 진정으로 만족하는 삶에 대해 정리해보십시오.

의사에서 기독교 작가로 변신한 크로닌 박사는 가난한 사람들에 대한 연민 때문에 광산촌에서 여전히 의사 일을 하고 있었다. 그런데 그 광산촌에는 억울한 오해를 받고 그곳으로 피해 온 간호사가 있었다. 그녀는 억울한 일을 당했고 월급도 매우 적었지만, 불평하지 않고 늘 생글생글 웃으며 여유 있고 자신 만만한 태도로 일했다. 그리고 병원 진료시간이 끝나도 늦게까지 남아서 일을 더 하곤 했다. 크로닌 박사는 그런 간호사의 모습이 안쓰러워 간호사에게 이렇게 말했다. "당신은 당신이 가진 가치만큼 대우받지 못하고 있어요. 하나님은 그것을 아실 텐데." 간호사는 이 말을 듣자마자 이렇게 대답했다. "제가 가치 있는 존재라는 것을 하나님이 아신다면 그것으로 족하지 않겠습니까?" 간호사의 답변은 신앙으로 헌신되어 있지 않던 크로닌 박사의 마음에 화살처럼 꽂혔다. 그녀의 이러한 신앙은 어려운 환경 속에서도 그녀를 당당하고 빛나는 모습으로 살게 했다. 어느 곳에 있는지, 무엇을 하는지, 내 상황이 얼마나 어려운지가 중요한 것이 아니라 내가 어떻게 살아가는 사람인지가 더 중요하다.

—이동원

❻ 전도자가 해 아래에서 발견한 또 한 가지 불행한 일은 무엇입니까?(6:1-2)

❼ 헛되이 와서 햇빛도 보지 못하고 어두운 중에 죽는 낙태된 자는 분명 불행한 자입니다. 하지만 전도자는 어떠한 자가 이 낙태된 자보다 더 불행하다고 합니까?(6:3–5)

❽ 낙태된 자나 천 년의 갑절을 사는 사람이나 행복을 보지 못하면 결국 어떻게 됩니까?(6:6)

더 깊은 연구와 묵상을 위하여

❶ 전도서 3–5장의 결론 부분에 해당하는 18–19절의 내용을 다시 한 번 정리해 보십시오.

❷ 정신이나 육체의 건강과 세상에 대한 욕심 사이에는 어떠한 상관관계가 있습니까? 어떻게 해야 성경이 말하는 건강한 삶을 살 수 있을지 생각해보십시오(17절 참조).

적용을 위한 글

삶은 결국 양보다 질의 문제이다. 얼마나 오래 살았는지가 아니라 얼마나 질 높은 삶을 살았는지가 중요한 것이다. 질 높은 삶이란 자신이 가지고 있는 것을 누릴 줄 아는 삶이다. 사람들은 때로 소유가 우리에게 행복을 주고 만족을 줄 것이라고 착각하고, 바람을 잡는 것과 같은 수고를 한다. 더 많이 가지려 하고 더 높이 올라가려고 하지만 그곳에는 행복이 없다. 행복은 하나님이 우리 마음에 주시는 만족감이며, 자족감이다. 그렇기에 작은 것을 가졌더라도 행복할 수 있고, 많은 것을 가졌어도 불행할 수 있다. 결국 인간은 죽음에 이르게 되어있다. 그러므로 하나님께서 허락하신 삶을 만끽해야 한다.

적용 및 결단을 위한 질문

❶ 여러분은 결국 빈손으로 죽게 된다는 것을 인정합니까? 그렇다면 여러분이 가진 재물을 어떻게 사용해야 하겠습니까?

❷ 주어진 삶을 즐거워하고 행복으로 만족해하는 것은 하나님의 선물입니다. 여러분은 하나님께 그 선물을 달라고 기도합니까?

11 무슨 유익이 있으랴

본문 전도서 6:7-7:14

외울말씀 헛된 것을 더하게 하는 많은 일들이 있나니 그것들이 사람에게 무슨 유익이 있으랴 (6:11)

도입을 위한 글

인생은 '나에게 무슨 일이 일어나느냐' 하는 10퍼센트의 사건과 '그 일어나는 일에 내가 어떻게 반응하느냐' 하는 90퍼센트의 태도로 구성된다고 한다. 움직이는 종합병원이라고 불리던 한 여성이 있었다. 그녀는 폐결핵에 걸려 스물네살 때부터 13년간 병상에서 지냈고 직장암과 파킨슨 병, 척추 카리에스 등의 질병으로 고통을 겪었다. 하지만 그녀는 희망을 잃지 않고 인간의 원죄와 하나님의 사랑에 대해 소설을 썼으며, 병상에서 습작을 쓰며 작가로 등단할 수 있는 밑거름을 만들었다. 이 여성은 일본 아사히신문에 장편소설 「빙점」이 당선되며 문단의 주목을 받았던 미우라 아야코이다. 고난은 누구에게나 일어날 수 있다. 그러나 고난을 어떻게 받아들이느냐에 따라 삶의 방식이 달라진다. 성공의 열쇠는 지식과 경험의 양에 있는 것이 아니라, 막연하게 보이는 미지의 세계를 어떻게 받아들이느냐에 달려있다. -장학일

도입을 위한 질문

❶ 요즘 여러분의 삶에서 일어나는 10퍼센트의 사건은 무엇입니까?

❷ 그 10퍼센트의 사건에 대한 여러분의 90퍼센트의 반응과 태도는 어떠합니까?

본문 질문

❶ 사람의 입과 눈 그리고 마음을 채우는 것이 가능합니까?(7–9절)

❷ 전도서 6:10부터 8장까지는 "무슨 유익이 있으랴"(11절)라는 질문에 대한 해답을 찾아가는 7가지 비교가 나옵니다. 첫 번째 비교는 하나님과 인간의 비교입니다. 인간은 강한 자이신 하나님 앞에 어떠한 태도를 가지는 것이 유익합니까?(10–12절)

❸ 7:1–5는 두 번째 비교입니다. 전도자는 지혜자의 무엇이 우매한 자의 무엇보다 유익하다고 합니까?

❹ 셋째로, 노래나 웃음 소리를 듣는 것보다 무엇을 듣는 것이 유익합니까? (7:5–6)

* 가시나무가 타는 소리(6절): 요란하고 경쾌한 소리가 나지만 금방 사라져버릴 소리이다.

❺ 다음 글을 읽고 진정으로 만족하는 삶에 대해 정리해보십시오.

무엇을 소유하는 것이 주는 파장은 매우 크다. 돈을 소유하는 경우는 다음과 같다. 첫째, 돈은 사람에게 상당한 용기를 준다. 둘째, 돈은 영향력을 발휘하며 정치적인 힘이 있다. 셋째, 돈은 자유를 준다. 먹고 싶은 것을 마음대로 먹거나 여행하고 싶은 곳을 자유롭게 다닐 수 있다. 넷째, 돈은 의지가 된다. 돈이 있으면 마음이 든든해진다. 다섯째, 돈이 있으면 모든 것을 다 가졌다고 착각하기 쉽다. 지식이 없어도 있는 것처럼 보이기도 한다. 여섯째, 돈을 가진 자는 칭찬과 존경을 받는다. 인정을 받고 인기가 생겨서 주위에 사람들이 모여든다. 그런데 돈보다 더 큰 힘이 있다. 잠언 말씀을 보라. "지혜의 오른손에는 장수, 왼손에는 부귀가 있다." 그것은 바로 지혜이다. 그러므로 하나님이 주신 지혜를 소유하라.

–김장환, 「큐티365」

❻ 넷째로, 분노하거나 과거에 집착하는 것보다 유익한 것은 무엇입니까? (7:7–10)

* 오늘보다 나은 것(7:10): 현재를 받아들이지 못하는 과거지향적인 태도를 말한다.

❼ 지혜의 그늘 아래에 있는 것이 돈 아래에 있는 것보다 더 유익한 이유는 무엇입니까?(7:11-12)

❽ 지혜는 창조주 하나님의 주권을 인정하는 것입니다. 지혜자는 형통한 날과 곤고한 날에 각각 어떻게 반응합니까?(7:13-14)

더 깊은 연구와 묵상을 위하여

❶ 몇몇 학자들은 "입"(7절)을 스올(Sheol)로 해석하기도 합니다. 그렇게 해석한 이유에 대해 하박국 2:5를 참고하여 더 깊이 묵상해보십시오.

❷ 7:14에서 형통한 날과 곤고한 날의 반응을 야고보서 5:13과 비교하면서 묵상해보십시오.

적용을 위한 글

"무슨 유익이 있으랴?"라는 질문에 대한 해답을 찾기 위한 첫 번째 비교는 강한 자이신 하나님과 인간의 비교이다. 인간은 하나님의 주권을 인정할 때 유익을 얻을 수 있다. 하나님은 모든 것을 이미 알고 계신 분이다. 하나님과 다투는 것은 무의미하다. 두 번째 비교는 지혜자와 우매한 자의 비교이다. 명예, 죽는 날, 초상집, 슬픔 등을 생각하는 지혜자는 욕심을 내려놓을 수 있으며, 그것이 삶에 유익을 가져다준다. 셋째, 노래나 웃음보다는 책망이 더 유익하다. 넷째, 분노나 과거지향적인 생각보다는 참고 인내하며 현재를 받아들이는 것이 유익하다. 다섯째, 지혜의 그늘이 돈의 그늘보다 유익하다. 결국, 전도자는 하나님의 그늘 아래에서 현재를 누리는 삶이 유익하다고 결론 내린다.

적용 및 결단을 위한 질문

❶ 여러분의 마음은 어디에 있습니까? 여러분은 죽을 수밖에 없는 유한한 존재라는 것을 마음에 새기고 하루하루를 소중하게 살고 있습니까?

❷ 여러분은 하나님의 지혜보다 돈을 더 신뢰함으로, 돈의 그늘 아래에 있기를 좋아하지는 않습니까?

12 하나님을 경외하는 자

본문 전도서 7:15-29

외울말씀 너는 이것도 잡으며 저것에서도 네 손을 놓지 아니하는 것이 좋으니 하나님을 경외하는 자는 이 모든 일에서 벗어날 것임이니라 (18절)

도입을 위한 글

하나님이 가장 아끼고 찾으시는 사람은, 바로 주인 되신 그분의 이름을 높이고 경외하는 사람이다. 하나님을 경외하려면 하나님을 항상 바라보며 그분의 지극히 광대하심을 묵상해야 한다. 전능하신 하나님께서는 천사들에게 율법을 주시고, 사람들의 양심을 속박하시며, 방백들의 심령을 꺾으신다. 사람들이 하나님을 두려워하지 않는 이유는 하나님의 위대하심을 깨닫지 못하기 때문이다. 사람들은 무엄하게도 하나님을 자기와 같은 존재로 여긴다. 기도로 하나님을 경외하는 마음을 구하라! 하나님을 경외하는 마음은 지혜의 근본이자 경건함의 근원이다. 기도로 부귀나 지식을 구하기도 하지만, 우리는 오직 하나님을 경외하는 마음만을 간절히 구해야 한다.

-토마스 왓슨, 「하나님을 경외하는 사람」

도입을 위한 질문

❶ 여러분은 일상에서 하나님을 묵상하고 하나님께 기도하는 시간이 얼마나 됩니까?

❷ 요즘 여러분이 가장 간절하게 구하는 것은 무엇입니까? 혹시 하나님의 지혜를 구하고 있습니까?

본문 질문

❶ 멸망하는 의인이 있고 장수하는 악인도 있습니다. 전도자는 스스로 패망하지 않기 위해서 어떻게 하라고 합니까?(15-16절)

* 지나치게…말며(16절): 양극단을 피하라는 것이다.

❷ 지나치게 악하거나 어리석으면 어떻게 된다고 합니까? 가장 유익한 삶의 방식은 무엇입니까?(17-18절)

❸ 성읍을 다스리는 열 명의 권력자들보다 지혜자를 더 능력 있게 만드는 것은 무엇입니까?(19절)

* 18절에서 하나님을 경외하는 것이 곧 지혜이다.

❹ 세상에 완벽한 의인은 없습니다. 타인의 비판에 어떻게 대처하는 것이 현명한 태도입니까?(20-21절)

❺ 다음 글을 읽고 인간의 이성이 가지는 한계에 대해 정리해보십시오.

하나님의 사랑과 죄 사함에 대한 약속은 실제적이고 확실하다. 그러나 하나님의 사랑은 바다를 묘사할 때처럼 그것을 실제로 보기 전에는 이해할 수 없다. 당신이 그 사랑을 받아들여서 그 사랑을 실제로 경험하고 하나님과의 참된 평화를 이루기 전에는, 아무도 당신에게 그 사랑의 위대함을 보여줄 수 없다. 하나님의 사랑은 당신의 이성으로 파악할 수 있는 것이 아니기 때문이다. 인간의 이성은 하나님의 사랑과 같이 위대한 것을 다룰 수 있는 능력이 없다. 당신의 이성은 검은 암소가 어떻게 녹색 풀을 먹고 흰색 우유를 내는지 설명하기가 어렵다. 하지만 당신은 우유를 마시고 거기에서 영양분을 섭취한다. 당신의 제한된 이성은 납작하고 작은 수박씨가 어떻게 자라서 커다란 수박을 맺게 되는지 그 모든 과정을 논리적으로 설명하지 못한다. 하지만 당신은 그것을 먹고 즐기지 않는가! 당신의 이성은 지금 이 순간 당신이 읽고 있는 책을 비추는 전기 불빛이 어떻게 생성되는지 설명할 수 없다. 그러나 당신은 전기가 존재하며 밤에도 독서를 가능하게 해준다는 것을 알고 있다. 하나님을 믿음으로 받아들이라. 그렇게 할 때 당신은 의심의 여지없이 확실한 신앙을 갖게 된다. –빌리 그래함, 「하나님과의 평화」

❻ 전도자는 인간 이성의 한계를 인정합니다. 또한 무엇이 어렵다고 말합니까? (23-24절)

* 인간 이성의 한계는 하나님의 계시로 극복될 수 있다.

❼ 올무, 그물, 포승 같은 여인을 조심해야 합니다. 죽음을 가져오는 그 여인을 피하려면 어떻게 해야 합니까?(25–26절)

* 지혜 문학에서는 지혜나 어리석음을 여인에 비유하는 은유법이 자주 등장한다.

❽ 인간이 지혜를 깨닫지 못하는 것은 하나님의 책임이 아닙니다. 하나님께서는 인간에게 자유의지를 주셨지만, 인간은 그 자유의지로 무엇을 만들어냈습니까?(27–29절)

더 깊은 연구와 묵상을 위하여

❶ 자신의 의로움을 의지해서 모든 것을 해결하겠다는 극단주의자와 그 반대로 악인으로 불의하게 살겠다는 극단주의자의 가치관을 비교해보십시오.

❷ 아담과 하와가 자유의지로 자기 꾀를 만들어 불순종한 것이 하나님의 책임이라고 생각합니까?

적용을 위한 글

참된 지혜자는 하나님을 경외한다. 창조주 하나님과 피조물인 나 사이의 무한한 격차를 인정하고 창조주 하나님만을 의지하면서 사는 사람이다. 하나님을 경외하고 기뻐하면 교만과 방종이라는 양극단을 피할 수 있다. 어리석음이라는 음녀의 마수로부터 자유로울 수 있다. 하나님 없이 자기 힘을 의지하고 믿는 사람은 교만의 늪에 빠지기 쉽다. 하나님 없이 자신의 욕심대로 사는 방종의 사람 역시 어리석음의 그물에 걸리게 된다. 매 순간 하나님을 의지하며 살아가는 사람만이 지혜를 얻을 수 있다. 하지만 사람은 완벽한 지혜를 얻을 수 없다. 늘 부족하고 연약한 피조물일 뿐이다. 나 자신을 의지하지 말고 다른 사람의 지혜에 의존하지도 말자. 물론 다른 사람의 말을 경청하며 참고할 수는 있지만, 최종적인 지혜는 하나님께 있고 말씀에 있다는 것을 인정해야 한다.

적용 및 결단을 위한 질문

❶ 하나님을 경외하는 것이 지혜의 근본입니다. 여러분은 하나님을 경외하고 있습니까?

❷ 여러분은 혹시 타인의 말이나 행동이 마음에 걸려 괴로워하고 있지는 않습니까?

13 왕의 명령을 지키라

본문 전도서 8:1-8

외울말씀 내가 권하노라 왕의 명령을 지키라 이미 하나님을 가리켜 맹세하였음이니라 (2절)

도입을 위한 글

대영제국 시절, 영토를 크게 넓혀나가던 왕이 있었다. 그러나 이 왕은 하나님 앞에서 늘 겸손했다. 어느 날 신하들이 왕에게 호화스러운 왕관을 바치며 "이제 왕의 명령을 거역할 자가 아무도 없습니다!" 하고 충성을 맹세했다. 그러자 왕은 그 신하들을 데리고 바닷가로 갔다. 그리고 파도를 향해 소리를 질렀다. "파도여, 잠잠하라! 왕이 명령하노니 잠잠하라!" 하지만 파도는 여전히 일렁거렸다. 왕은 등을 돌려 신하들에게 말했다. "보아라. 파도가 내 명령을 듣느냐? 이 우주에서 거역할 수 없는 명령은 오직 하나님의 명령뿐이다. 하나님 앞에서 나는 이 왕관을 쓸 수 없다"라고 하며 자신의 머리에서 왕관을 벗어 던졌다. 이 왕은 1014년부터 1035년까지 왕관을 쓰지 않은 채 영국을 다스린 가누트 왕이다.

도입을 위한 질문

❶ 여러분은 가누트 왕의 태도에서 무엇을 배웁니까?

❷ 여러분이 더 많이, 더 크게 쓰고 싶어하는 왕관은 무엇입니까?

본문 질문

❶ 하나님의 은총에 의해 주어지는 사람의 지혜는 무엇을 변하게 만듭니까?(1절)

* 사물의 이치(1절): 요셉이나 다니엘이 해석한 꿈이나 글자의 의미이며, 이를 하나님의 은총으로 해석한다.

❷ 전도자는 무엇을 지키라고 권합니까?(2절)

* 왕(2절): 세상 나라의 왕으로 보아도 되지만 하늘나라의 왕이신 하나님으로 볼 수도 있다.

❸ 하고자 하는 것은 다 행할 수 있는 능력과 주권을 가진 왕 앞에서는 화가 나는 일이 있어도 어떻게 행동하는 것이 좋다고 합니까?(3절)

❹ "왕이시여, 지금 무엇을 하시는 겁니까?"라고 왕에게 함부로 말할 수 없습니다. 왕의 말에는 무엇이 있기 때문입니까?(4절)

❺ 다음 글을 읽고 온전한 순종에 대해 정리해보십시오.

막강한 군사력과 전략으로 많은 땅을 정복했던 알렉산더 대왕이 한 번은 아주 작은 규모의 군대를 이끌고 어느 도시에 갔습니다. 그는 그곳의 왕을 직접 만나 항복을 종용했습니다. 하지만 그 왕은 제아무리 알렉산더라도 그렇게 작은 군대로 무슨 싸움을 할 수 있겠느냐며 항복을 거부했습니다. 그러자 알렉산더는 자신과 그 군대의 힘이 얼마나 강한지 보여주겠노라고 공언하며 군대를 일렬로 세워 낭떠러지를 향해 행진할 것을 명령했습니다. 그러자 병사들은 알렉산더의 명령이 떨어지기 무섭게 조금도 주저함 없이 한 사람씩 낭떠러지를 향해 행군했습니다. 그 모습을 본 그곳의 왕은 죽음을 두려워하지 않고 지도자의 명령을 따르는 군사들에게는 아무리 강한 요새와 큰 군대라도 견디지 못할 것이라며 항복하고 말았습니다. 한낱 인간을 따르는 군대에도 목숨을 건 담대한 순종이 있습니다. 하물며 전능하신 하나님을 사령관으로 모시는 우리에게 순종의 결단과 의지가 없어서야 되겠습니까? 하나님의 명령에 적극적으로 거역하는 것은 물론, 능력이 부족하여 온전히 순종하지 못하는 것 역시 죄입니다. 우리 하나님은 구하는 자에게 은혜를 베푸시는 분이기에 능력이 없어서 순종하지 못했다는 말은 결코 성립될 수 없습니다. 하나님을 온전히 붙들고 순종하고자 몸부림치는 간절함이 없었을 뿐입니다. 하나님의 뜻을 온전히 청종하지 못하는 우리의 모습은 어쩔 수 없는 연약함이 아니라 죄입니다. 그 죄에서 떠나십시오. 그것이 바로 우리가 마땅히 행해야 할 바입니다.

–한 홍, 「돌격 앞으로」

❻ 지도자에게 복종하고 하나님의 명령을 잘 지키는 사람은 불행을 당하지 않습니다. 지혜자는 마음속으로 항상 무엇을 분변(생각)하기 때문입니까? (5-6절)

* 때와 판단(5-6절): 원문에는 때와 심판으로 나온다. 여기에서는 심판의 때라고 보는 것이 좋다.

❼ 사람은 무엇을 모르는 존재입니까?(7절)

❽ 사람은 무엇을 할 수 없는 존재입니까?(8절)

* 악이 그의 주민들을 건져낼 수는 없느니라(8절): 자신이 행한 악의 결과로부터 도망칠 수 없다는 뜻이다.

더 깊은 연구와 묵상을 위하여

❶ 하나님의 명령에 절대 순종했던 지혜로운 자들을 성경 속에서 찾아보십시오.

❷ 본문 2절 말씀을 로마서 13:1과 연관시켜서 정리해보십시오.

적용을 위한 글

하나님의 백성은 하늘나라의 왕이신 하나님의 명령에 순종하는 동시에 하나님께서 세워주신 권위자에게도 순종한다. 하나님 사랑과 이웃 사랑을 새 계명으로 주신 하나님께서는 순종이 곧 사랑이라고 가르치신다. 사랑하면 순종하게 되어있다. 말로만 주여 주여 하고 주님의 뜻대로 행하지 않으면 그것은 사랑이 아니다. 때때로 우리는 왕이신 하나님께서 행하시는 일들을 이해할 수 없다. 하지만 이해할 수 없어도 묵묵히 따라야 한다. 왕이신 하나님께서 행하시는 일들에 섣불리 반감을 품어서는 안 된다. 불평하거나 불만을 가져서도 안 된다. 우리는 항상 주권자이신 하나님 앞에서 잠잠해야 한다. 다 이해할 수 없어도 하나님의 뜻을 믿고 묵묵히 주님을 따라야 한다.

적용 및 결단을 위한 질문

❶ 여러분은 순종해야 할 권위자에게 급하게 반응한 적은 없습니까?

❷ 여러분은 장래 일을 하나님께 맡기고 그분만을 신뢰하고 인정하면서 살고 있습니까?

14 부조리와 희락

본문 전도서 8:9-17

외울말씀 이에 내가 희락을 찬양하노니 이는 사람이 먹고 마시고 즐거워하는 것보다 더 나은 것이 해 아래에는 없음이라 하나님이 사람을 해 아래에서 살게 하신 날 동안 수고하는 일 중에 그러한 일이 그와 함께 있을 것이니라 (15절)

도입을 위한 글

성지순례 중에 요단 강의 발원지인 헤르몬 산에 올랐다. 맑은 물이 흐르는 계곡에는 봄을 기다리는 나무들이 숲을 이루고 있었는데 그중에서도 무화과 나무에 내 시선이 고정됐다. 앙상한 가지들마다 콩알 크기의 초록색 열매가 달려있었다. 무화과는 새순이 돋거나 꽃이 피기 전에 가지에서 바로 열매를 맺는다. 모든 과일은 꽃이 진 후에 열매를 맺는데 무화과는 열매부터 맺는다. 그래서 무화과(無花果)라고 한다. 잘 익은 무화과 열매는 십자가형으로 벌어진다. 열매 속은 꽃 모양의 알갱이들로 가득 차 있다. 무화과는 달고 맛이 있을 뿐만 아니라 상처 치료에도 효과가 있다. 이스라엘 민족을 상징하는 무화과는 예수 그리스도의 부활 생명을 모신 그리스도인의 모형이다. 그리스도의 보혈로 죄 사함을 받고 성령으로 거듭난 마음은 아름답고 향기나는 꽃들로 가득하다. 세상 사람들에게는 화려한 꽃으로 보이지 않지만, 오직 성령 안에서 의와 평강과 희락을 얻는다(롬 14:17). —최낙중

도입을 위한 질문

❶ 화려한 꽃은 없지만 달고 맛있는 열매를 맺는 무화과나무와 그리스도인의 공통점은 무엇입니까?

❷ 하나님의 백성인 여러분의 삶에는 의와 평강과 희락이 있습니까?

본문 질문

❶ 전도자가 해 아래에서 일어나는 일들을 관찰한 결과 사람이 사람을 어떻게 하는 때가 있다고 합니까?(9절)

* 주장하여(9절): "마음대로 주무르던"(공동번역), "지배하며"(현대인의성경)

❷ 다른 사람을 지배하던 악인은 결국 어떻게 됩니까?(10절)

❸ 사람들은 왜 악을 행하는 데 마음이 담대합니까?(11절)

❹ 이 세상에서는 악인이 일시적으로 잘되는 것처럼 보입니다. 하지만 전도자는 하나님을 경외하는 자와 악인이 결국에는 각각 어떻게 될 것이라고 합니까?(12-13절)

❺ 다음 글을 읽고 참된 희락을 누리는 방법에 대해 정리해보십시오.

천국은 어디에 있을까? 예수를 믿으면 죽어서야 천국에 가는 줄 알았다. 하지만 놀랍게도 지금 내 안에 천국이 들어와 있다. 예수 믿으면 이 땅에서는 죽도록 고생만 하고 죽어서야 천국에 가서 행복하게 살 줄 알았다. 하지만 놀랍게도 나는 날마다 너무나 행복하게 살고 있다. 예수 믿으면 매일 피 튀기는 전쟁만 있을 줄 알았다. 하지만 놀랍게도 지금 내 안에는 전쟁이 끝나고 평화만 있다. 죄가 없으신 하나님의 아들 예수님이 나의 모든 죄를 지고 십자가에서 대신 돌아가셨다. 예수님이 나 대신 십자가에서 다 이루시고 갈보리에서 승리하셨다. 예수님이 나 대신 나무에 달려 고초를 당하셨다. 예수님이 나 대신 지옥의 고통을 다 겪으셨다. 그리고 내가 예수를 믿는 순간 천국이 내 안에 들어왔다. 천국에 있는 것들이 모두 내 안에 있다. 믿음과 소망과 사랑이 내 안에 있다. 의와 평강과 희락이 내 안에 있다. 시와 찬미와 신령한 노래가 내 안에 있다. 안식과 평화와 쉼이 내 안에 있다. 행복과 감사와 기쁨이 내 안에 있다. 생명수 강물이 내 안에서 계속 흘러나오고 있다. 내 안이 천국이 되었다. 내 안에 임한 천국, 그 천국의 통치자는 그리스도이다. 내 안에 계신 그리스도는 내 삶의 모든 영역을 다스리시는 하늘과 땅의 모든 권세를 가진 왕이시다. 아직 저 하늘나라 천국에 가보지는 않았지만, 나는 그 천국이 얼마나 행복한지를 잘 알고 있다. 그리스도는 아버지의 나라와 아버지의 의를 가지고 내 안에 충만히 거하고 계신다. 내 안에 계신 보배이신 그리스도, 그분을 그 무엇과도 바꿀 수 없다. 그분은 내 인생의 전부이시다. 나는 말할 수 없이 행복하다. 이제 내 별명은 '날마다 천국'이다. 24시간 천국이기 때문이다. 365일 천국이기 때문이다. 영원히 천국이기 때문이다. –김열방

❻ 자연만물 중에서 오직 인간만이 하나님의 통치에 불순종합니다. 그로 인해 인간세계 가운데 어떤 부조리한 일들이 일어납니까?(14절)

❼ 하나님께서는 부조리한 세상 속에서도 인간이 무엇을 누리도록 허락하십니까?(15절)

❽ 전도자는 인간에게 어떤 한계가 있다고 합니까?(16–17절)

더 깊은 연구와 묵상을 위하여

❶ 악인의 장수함과 같이 세상에서 일어나는 부조리에는 어떤 것이 있습니까?

❷ 하나님을 경외하는 의인은 결국 복을 받게 되어있습니다. 시편 73편을 통해 의인이 받을 복에 대해 정리해보십시오.

적용을 위한 글

인간들이 살아가는 세상 속에는 이해되지 않는 일들이 많이 일어난다. 특히 악인의 형통은 부조리 중의 부조리이다. 하나님을 경외하지 않고 다른 사람들을 자기 마음대로 주무르는 악인들은 세상 속에서 활개를 치며 살아간다. 반면에 하나님을 경외하고 사람을 사랑하며 섬기는 자들은 불이익을 당한다. 정말 부조리한 세상이다. 하지만 하나님을 믿는 의인들은 끝까지 의의 길을 걸어가야 한다. 지금 당장은 하나님의 심판이 유보되지만, 결국은 하나님의 공정한 심판이 내려질 것이다. 최종 심판을 바라보며 인생의 고난의 과정을 잘 견뎌야 한다. 고난 중에도 숨겨놓으신 하나님의 희락을 바라보며 승리하자.

적용 및 결단을 위한 질문

❶ 여러분은 하나님의 징벌이 속히 나타나지 않는다고 해서 죄를 가볍게 여기지는 않습니까?

❷ 여러분은 스스로의 한계를 인정하고 늘 하나님 앞에서 겸손하게 행동하고 있습니까?

15 선물로 주신 인생

본문 전도서 9:1-10

외울말씀 너는 가서 기쁨으로 네 음식물을 먹고 즐거운 마음으로 네 포도주를 마실지어다 이는 하나님이 네가 하는 일들을 벌써 기쁘게 받으셨음이니라 (7절)

도입을 위한 글

아침 햇살이 떠오를 때 제일 멀리 퍼져 나가는 빛은 적색이다. 적색의 빛은 바위에 와 닿으면 붉은 산이 된다. 그 붉은 산을 촬영하려고 수많은 사진작가가 몰려든다. 그러나 그 적색이 나타나는 시간은 겨우 5분에 불과하다. 그 5분 안에 기회를 포착해 사진을 찍어야 명품 사진이 나온다. 그 시간이 지나가면 희미한 빛으로 변하고 마는 것이다. 인생의 기회도 마냥 열려있는 것이 아니다. 누구에게나 일생에 몇 번의 기회가 찾아온다. 그 기회를 놓치면 인생은 잿빛 구름 속으로 사라져버리고 만다. 짧은 인생 여정 속에서 영생의 기회를 잘 포착해야 한다. 이 세상의 여정이 끝난 후에는 영생의 기회를 얻을 수가 없다. 지금 당신에게 가까이 다가가신 예수님을 마음속에 모시라. 이 기회를 놓치면 멸망에 이른다. 지금이 바로 그 기회이다. –한태수

도입을 위한 질문

❶ 여러분은 '지금이 곧 그 기회이다'라는 말에 동의합니까?

❷ 여러분은 요즘 행복하다고 느낍니까, 아니면 불행하다고 느낍니까?

본문 질문

❶ 인간의 미래는 누구의 손 안에 있습니까?(1절)

❷ 의인이나 악인이나 모든 인간은 최후에 어디로 돌아갑니까?(2-3절)

❸ 전도자는 산 자와 죽은 자 중에 어떤 자에게 소망이 있다고 합니까?(4절)

* 산 개가 죽은 사자보다 낫기 때문이니라(4절): 고대의 격언 중 하나로, 개는 거리의 청소부였고 사자는 짐승의 왕이었다.

❹ 죽은 자들에게는 더 이상 기회가 없습니다. 하지만 산 자들에게는 어떤 기회가 있습니까?(5-6절)

❺ 다음 글을 읽고 진정으로 행복한 삶에 대해 정리해보십시오.

아침에 일어나서 문득 이런 생각이 들었어요. 더하기 인생. '매일 내 삶에 무언가가 더해지고 있구나' 하고 깨달으니 행복하네요. 저는 예수님 믿고 받은 게 너무 많아요. 예수님은 저에게 자꾸만 뭘 주시거든요. 예수 믿으니까 천국을 선물로 주시고, 마음에 평안을 주시고, 매일의 행복을 창조해주셨어요. 자꾸만 더해지니 풍성해질 수밖에 없어요. 하루하루 갈수록 저의 삶엔 새로운 은혜가 더해져요. 매일 조금씩 더 행복해져요. 아침에 일어나서 오늘은 또 뭐가 더해질까를 생각하면 기대가 되고 힘이 솟아요. 여러분은 풍성한 삶을 살고 계신가요, 아니면 인생에 지쳐 자꾸만 무언가가 소모되고 있다는 느낌이 드시나요? 하루하루 지날수록 우리의 삶에서 빠져나가는 것들뿐이라면 언젠가는 내 인생이 비어있다는 느낌이 들게 돼요. 더하기 인생과 빼기 인생, 그 갈림길에 예수 그리스도가 있습니다. 예수 믿으세요. 그분은 우리에게 더하기의 은혜를 주십니다. 매일 새로운 행복이 우리의 삶에 창조됩니다.

–이윤정

❻ 하나님께서 주신 현재의 삶을 충분히 누리는 것이 좋습니다. 전도자는 무엇을 하라고 명령합니까?(7–8절)

❼ 하나님께서 우리의 옆에 두신 사람들과 어떻게 살아야 합니까?(9절)

❽ 하나님께서 허락하신 기회와 한계 안에서 적극적인 삶을 살아야 합니다. 죽음 이후에는 무엇이 없기 때문입니까?(10절)

* 스올(10절): 무덤, 땅 밑 세계, 죽음의 상태를 뜻하는 말이다.

더 깊은 연구와 묵상을 위하여

❶ 우리의 죽음도 확실하지만 죽음 이후에 하나님의 심판도 확실합니다. 여러분은 그 사실을 인정합니까?(히 9:27 참조)

❷ 세상이 아무리 불공평해 보여도 언제나 변화의 가능성은 있습니다. 지금 여러분이 바꿀 수 있는 것은 무엇입니까?

적용을 위한 글

전도자는 해 아래에서 일어나는 온갖 부조리에도 인생은 여전히 희망이 있고 가치가 있다고 말한다. 인생의 주권자이신 하나님께 모든 것을 맡기고 주어진 환경 속에서 최선을 다해 누려야 한다. 우리는 확실히 죽지만 죽음의 순간이 오기 전까지는 모든 것이 기회이다. 오늘이라는 기회를 살려서 하루하루 최선을 다해 누려야 한다. 계획을 세우고 목적을 수정하고 미움을 사랑으로 바꾸면서 나의 사람들과 함께 사랑하며 살아야 한다. 그리고 내가 할 수 있는 모든 일을 즐기면서 해야 한다. 하나님께서는 우리가 행복한 삶을 누리기를 원하신다. 살아 숨 쉬는 한 희망을 품고 한 걸음씩 전진하라. 그러한 자에게는 누림의 축복이 함께한다.

적용 및 결단을 위한 질문

❶ 여러분은 하나님이 삶의 주관자이심을 믿습니까? 그렇다면 왜 미래에 대해 걱정합니까?

❷ 여러분이 지금 있는 곳에서 함께 즐거워하며 사랑해야 할 사람들은 누구입니까?

16 지혜를 무시하는 세상

본문 전도서 9:11-18

외울말씀 그러므로 내가 이르기를 지혜가 힘보다 나으나 가난한 자의 지혜가 멸시를 받고 그의 말들을 사람들이 듣지 아니한다 하였노라 (16절)

도입을 위한 글

어거스틴은 바닷가를 거닐면서 삼위일체에 대해 고민한 적이 있었다. 그는 아무리 생각해도 삼위일체를 이해할 수가 없어서 계속 고민하며 걷다가 어린아이 하나가 바닷가에서 놀고 있는 것을 보게 되었다. 자세히 보니 아이는 조개껍데기로 바닷물을 퍼서 자기 앞에 파놓은 조그마한 구멍에 계속해서 붓고 있었다. 그는 아이에게 "너 이것을 왜 하고 있니?" 하고 묻자, 아이는 바닷물을 다 퍼서 여기에 담을 것이라고 대답했다. 그 순간 어거스틴은 '내가 어리석은 생각을 했구나!' 하면서 다시는 삼위일체에 대해 의심하지 않기로 했다. 그런데 그가 바닷가에서 본 것은 환상이었다. 제한된 인간의 시각으로 하나님의 모든 것을 이해한다는 것은 불가능한 일이다. 우리의 머리로 이해되지 않는 것은 하나님 앞에 믿음과 지혜를 구하며 맡겨야 한다.

-김장환, 「큐티365」

도입을 위한 질문

❶ 바닷물을 다 퍼서 구덩이에 담겠다는 어린아이에 대해 어떻게 생각합니까?

❷ 무한히 크신 하나님과 복잡한 인생사를 여러분의 이성으로 다 이해할 수 있다고 생각합니까?

본문 질문

❶ 전통적인 지혜에 따르면 경주자들, 용사들, 지혜자들, 명철자들, 지식인들은 반드시 성공하게 되어있습니다. 하지만 전도자는 이들에게도 어떤 변수가 있을 수 있다고 합니까?(11절)

* 선착(11절): 먼저 도착하다.

❷ 인생은 시기와 기회 때문에 예측이 불가능합니다. 이는 마치 물고기와 새들이 무엇에 걸리는 것과 같습니까?(12절)

❸ 전도자는 지혜의 힘을 보고 어떻게 여깁니까?(13절)

* 13절 "나는 지혜의 좋은 예를 보고 깊은 인상을 받은 적이 있다"(현대인의성경)

❹ 작은 성읍이 큰 왕을 이길 수 있었던 것은 작은 성읍에 누가 있었기 때문입니까?(14-15절)

❺ 다음 글을 읽고 지혜로운 사람의 특징에 대해 정리해보십시오.

> 인간 세상에는 현명한 사람과 어리석은 사람이 섞여서 살고 있다. 그렇다면 이 두 부류의 사람들을 구분 짓는 특징은 무엇인가? 거기에는 7가지가 있다. ① 현명한 사람은 자기보다 지혜로운 사람 앞에서 말하지 않는다. ② 현명한 사람은 다른 사람이 이야기하고 있는 동안에 그의 말을 가로채서 끼어들지 않는다. ③ 현명한 사람은 다른 사람의 말에 귀를 기울이며 한 마디도 흘려듣지 않는다. ④ 현명한 사람은 적절한 질문을 하고 적절한 대답을 한다. ⑤ 현명한 사람은 조리 있게 말한다. ⑥ 현명한 사람은 자기가 알지 못하는 문제에 대해서는 "저는 그것에 대해서 아는 바가 없습니다"라고 말한다. ⑦ 현명한 사람은 자기와 반대 입장인 사람이 말하는 것이 진리라고 인정되면 주저하지 않고 그 말을 인정한다. 어리석은 사람은 현명한 사람의 7가지 특징과 반대되는 사람들이다. 이 글은 탈무드에서 인용한 내용이다. 여기에서 중요한 것은 나 자신이 어떤 사람이 될 것인가이다. -김진홍

❻ 사람들은 성읍을 구한 가난한 지혜자에게 어떤 대우를 합니까?(15절)

❼ 지혜는 어떤 무기보다도 강력한 힘이 있습니다. 하지만 사람들은 가난한 자의 지혜에 대해 어떤 태도를 취합니까?(16절)

* 힘(16절): 원문의 내용상 용기라고 번역해야 한다.

❽ 결국 지혜를 무시하는 죄인 한 사람이 무엇을 무너지게 합니까?(18절)

더 깊은 연구와 묵상을 위하여

❶ 지혜의 힘은 무기보다 강합니다. 하나님의 지혜를 얻을 수 있는 방법에는 무엇이 있습니까?

❷ 작은 어리석음이 많은 선을 무너지게 하는 예를 성경에서 찾아보십시오.

적용을 위한 글

세상은 원칙대로 돌아가지만 늘 예외는 존재한다. 빠른 자가 먼저 도착하고 용감한 자가 승리한다. 지혜, 명철, 지식을 소유한 자들이 보통은 승리한다. 하지만 세상이 꼭 이 원칙대로 되는 것은 아니다. 인생에서 그물과 올무는 항상 존재하는 법이다. 하나님의 백성이라고 해서 예외는 아니다. 그리스도인들도 재난을 당할 수 있다. 하지만 중요한 것은 재난을 해석하는 자세이다. 하나님의 큰 계획 속에 있는 인생의 재난을 수용하는 것도 믿음이다. 물론 무척이나 어렵고 고통스러운 일이다. 하지만 하나님이 맡기신 나의 인생에 생긴 재난조차 하나님의 뜻 안에 있음을 인정하고 묵묵히 견뎌야 한다. 그것이 믿음이요, 지혜이다.

적용 및 결단을 위한 질문

❶ 여러분은 인생에 뜻하지 않은 재난이나 어려움이 생길 수 있다는 것을 인정합니까?

❷ 여러분은 물질주의적인 가치관을 가지고 가난한 자의 지혜를 무시하지는 않습니까?

17 우매는 곧 재난이다

본문 전도서 10:1-11

외울말씀 내가 해 아래에서 한 가지 재난을 보았노니 곧 주권자에게서 나오는 허물이라 (5절)

도입을 위한 글

나는 과학자들이 인도네시아에서 원숭이를 대상으로 실험을 계획한다는 소식을 들었다. 그들은 실험에 이용할 원숭이를 잡기 위해 마취총을 쏠 것이라고 했다. 그런데 문제는 원숭이가 높은 나무 위에 있었기 때문에 마취총에 맞으면 땅에 떨어져 죽는다는 것이었다. 그래서 연구원들은 500년 전의 방법을 사용하기로 했다. 호박의 속을 파낸 다음 동전 크기의 구멍을 내고 호박 밑으로 긴 줄을 단다. 한 명은 그 줄을 잡은 채 수풀에 서고, 다른 한 명은 굵은 삼베 자루를 들고 몇 미터 떨어진 곳에 선다. 그리고 또 다른 한 명은 땅콩으로 나무 위에 있는 원숭이의 관심을 끌어서 그 땅콩을 호박 속에 넣는다. 잠시 후 원숭이가 내려와 호박의 작은 구멍 속으로 손을 넣어 땅콩을 잡는 순간, 원숭이는 독 안에 든 쥐가 된다. 원숭이는 땅콩을 포기하면 손을 빼서 얼마든지 도망갈 수 있지만, 그런 일은 잘 일어나지 않는다. 그래서 연구원들은 원숭이를 쉽게 잡을 수 있었다. 지금 우리의 모습이 어쩌면 이 원숭이의 모습과 같지는 않은가? 우리는 갈망하는 것을 포기할 수 없어 진정한 자유를 누리지 못한 적이 얼마나 많은가! 우리는 별로 중요하지도

> 않은 것을 강박적으로 선택하고 돌아서서 항상 후회하고 허기를 느끼며 살아간다. 이제 선택은 당신에게 달려있다! 당신의 손에 잡고 있는 땅콩을 계속 잡고 있을 수도 있고, 잡은 것을 버리고 자유를 향해 달음박질하여 진정한 생명을 얻을 수도 있다.
>
> –J. R. 브리그스, 「그리스도인의 행복한 대가 지불」

도입을 위한 질문

❶ 원숭이가 잡고 있는 땅콩처럼 여러분이 손에 잡고 있는 것은 무엇입니까?

❷ 진정으로 자유로운 삶이란 무엇입니까?

본문 질문

❶ 죽은 파리가 향기를 망치듯 사소한 어리석음이 어떤 결과를 만듭니까?(1절)

* 향기름(1절): 연고 형태로 된 기름으로 당시의 최고급 향수였다.

❷ 지혜자의 마음은 항상 정도를 걷지만 우매자의 마음은 비정상적인 것을 선택합니다. 심지어 우매자는 길에서 만나는 모든 사람에게 무엇을 말하고 다닙니까?(2–3절)

* 오른쪽(2절): 고대에서 오른쪽은 영예로운 자리나 가장 안전한 위치 등 긍정적인 의미를 뜻했다.

❸ 나를 분노하게 만드는 지도자에게 어떻게 반응하는 것이 지혜로운 행동입니까?(4절)

❹ 주권자(지도자)의 허물은 재난과도 같습니다(5절). 전도자는 세상에서 어떤 이상한 현상을 관찰했다고 합니까?(6–7절)

* 6절의 부자는 지혜로운 자라고 번역해야 한다.

❺ 다음 글을 읽고 지혜로운 지도자가 되기 위해 힘써야 할 것에 대해 정리해보십시오.

"하나님의 말씀이 왕의 입술에 있은즉 재판할 때에 그의 입이 그르치지 아니하리라"(잠 16:10) 모든 지도자는 통치 철학을 갖고 있다. 그리고 그런 철학에 의해 한 공동체가 다스려지게 마련이다. 고대에는 행정과 입법, 사법이 분리되지 않았기 때문에 재판은 가장 상징적인 통치 행위의 장이기도 했다. 사람들은 지도자가 재판하는 것을 보고 그의 통치 철학의 기준과 준거가치를 이해할 수 있었다. 잠언 기자는 하나님의 말씀이야말로 하나님을 경외하는 지도자의 가장 중요한 통치 기준이 될 수 있다고 가르친다. 오래전부터 성경 암송과 묵상은 성경의 가치를 수용하는 사람들에게 가장 중요한 경건의 모습으로 간주되어 왔다. '거룩한 독서'로 알려진 렉시오 디비나(Lectio Divina)는 경건 생활의 기본으로 통했다. 규칙적이고 일상적인 말씀의 들음에 의해서만 말씀이 우리의 사고와 행위를 다스리는 삶의 원리로 자리 잡게 된다. 성경은 하나님의 말씀이 곧 성령의 검이라고 가르친다. 그러나 말씀이 성령에 의해 자유롭고 시의적절하게 사용되기 위해서는 우리의 마음과 입에 말씀이 늘 머물러 있어야 한다. 그때 비로소 말씀은 통치의 수단이 될 수 있다. 그러므로 우리는 공동체의 지도자가 말씀을 기준으로 삼도록 기도해야 할 것이다.

–이동원

❻ 전도자는 인생을 관찰한 결과, 열심히 수고하지만 좋지 못한 결과가 나올 수도 있음을 발견했습니다. 8–11절에 나오는 5개의 평행구절을 표로 정리해보십시오.

열심히 일함	얻고자 하는 유익	예상 외의 해로운 결과
함정을 파는 자	짐승을 사냥함	8절: 함정에 자기가 빠짐
담을 허는 자	수리해서 더 견고해짐	8절: ( )
돌들을 떠내는 자	좋은 건축 재료를 얻음	9절: 그 돌 때문에 다치게 됨
나무들을 쪼개는 자	땔감을 얻음	9절: ( )
주술을 베푸는 자	구경꾼들에게 기쁨을 줌	11절: 주술을 베풀기 전에 뱀에 물림

❼ 인생의 이러한 불확실성과 의외성에도 결국 우리에게 성공을 주는 것은 무엇입니까?(10절)

더 깊은 연구와 묵상을 위하여

❶ 어리석음과 많은 말 사이에는 깊은 상관관계가 있습니다. 지혜서에서는 그 상관관계가 어떻게 나타나는지 몇 가지 예를 들어보십시오.

❷ 공동체의 지도자는 완벽해야 합니다. 지도자의 허물은 곧 재난이기 때문입니다. 지도자에게 있어서는 안 될 허물이 무엇인지 연구해보십시오.

적용을 위한 글

죽은 파리 한 마리가 향수에서 악취가 나게 하듯이 어리석은 지도자 한 사람이 공동체 전체를 망하게 한다. 따라서 우매함, 곧 어리석음은 재난이다. 지도자는 늘 하나님의 지혜를 구해야 한다. 세상이 어리석은 사람이라는 변수 때문에 공의롭고 정의롭지 못할지라도 지혜를 구하며 정도를 걸어야 한다. 세상이 100% 공의롭지는 않을지라도 지혜를 구하며 가는 자에게 80% 정도의 성공은 안겨주기 때문이다. 열심히 수고했음에도 실패하는 때가 있다. 하지만 그 실패의 확률 때문에 지혜를 포기해서는 안 된다. 오히려 실패의 가능성을 열어두고 열린 마음, 넓은 마음으로 세상을 살아야 한다. 그래야 지치지 않을 수 있다.

적용 및 결단을 위한 질문

❶ 여러분은 하나님의 말씀에 작고 사소한 일까지도 순종합니까?

❷ 여러분은 열심히 수고했음에도 원하는 결과를 얻지 못할 때 낙심합니까? 그럴 때 포기하지 않고 꾸준히 하나님의 지혜를 구한다면 어떻게 되겠습니까?

18 말과 지혜

본문 전도서 10:12-20

외울말씀 지혜자의 입의 말들은 은혜로우나 우매자의 입술들은 자기를 삼키나니 (12절)

도입을 위한 글

미국에는 자신이 상상한 내용을 글로 쓰는 공상과학자들이 있다. 그들의 글에는 황당한 내용도 많지만, 신기하게도 현실로 이어지는 경우가 꽤 있다고 한다. 그중에서 사람들이 평생 했던 말을 재생해내는 언어 재생기의 개발에 대한 내용이 발표되기도 했다. 녹음되지 않은 과거의 목소리 재생이 어떻게 가능할까? 우리 주변에 흐르는 전파는 독특한 주파수를 갖고 있어서 채널을 맞추면 전파를 타고 오는 소리를 들을 수 있다. 사람에게도 저마다 독특한 목소리가 있어서 그 목소리를 찾아내는 수신기만 있으면 대기 중에 남아있는 과거의 대화내용까지 재생해낼 수 있다고 한다. 만약 이런 기계가 발명된다면 좋아하는 사람이 많을 것인가, 싫어하는 사람이 많을 것인가? 아름답고 정직한 언어를 사용한 사람은 두려울 것이 없겠지만, 평소에 남을 험담하거나 거짓말을 자주 한 사람은 이 기계가 두려울 것이다. 하지만 이것 때문이 아니더라도 하나님은 우리의 모든 말을 듣고 계시기 때문에 늘 정직하고 바른 말을 써야 한다.

—임용택

도입을 위한 질문

❶ 여러분은 언어 재생기가 생긴다면 좋겠습니까, 아니면 두렵겠습니까?

❷ 여러분은 하나님이 우리의 모든 말을 듣고 계시다는 것을 인식하면서 살아갑니까?

본문 질문

❶ 지혜자는 말로 은혜를 끼치지만 우매자의 말은 우매로 시작하여 무엇으로 끝납니까?(12-13절)

❷ 우매자는 말을 너무 많이 합니다. 심지어 우리가 알 수 없는 어떤 영역까지도 서슴지 않고 이야기합니까?(14절)

* 나중에 일어날 일(14절): 죽음 이후에 일어날 일을 말한다.

❸ 결국 우매자는 말로 자기 자신을 어떻게 할 뿐입니까?(15절)

* 성읍에 들어갈 줄도 알지 못함이니라(15절): 자신이 내뱉은 말들을 수습할 길을 찾지 못하고 우왕좌왕한다는 풍자이다.

❹ 복 있는 나라의 지도자는 국정을 위해 자신을 어떻게 절제합니까?(16-17절)

* 귀족들의 아들(17절): 어릴 때부터 지도자가 무엇을 해야 하며 어떤 말과 행동을 해야 하는지 직접 보고 배운 사람들을 말한다.

❺ 다음 글을 읽고 언어 습관의 영향력에 대해 정리해보십시오.

한 아버지가 중학생인 딸아이로부터 따끔한 충고를 들었다. "아빠! 이제부터는 우리들 앞에서 엄마를 부를 때, '야'라고 하지 마세요." 그는 평소 아내에게 무심코 "야, 어이"라고 부르던 것이 생각나 부끄러웠다. 이 경우는 그래도 나은 편이다. 아이들 앞에서 배우자에게 온갖 욕설과 비난을 일삼는가 하면, 아이들에게 '너희 아버지는 아무짝에도 쓸모없는 사람'이라고 막말을 해대는 아내도 있다. 이들 부부에게 희망이 보이는가? 또 어떤 부부는 친밀감을 유지한다는 이유로 서로를 '야 혹은 너'라고 부르는데 이들에게도 희망이 없기는 마찬가지다. 왜냐하면 말로써 배우자를 존중하지 않으면 서로에 대한 존경심을 잃어가면서 점점 상대방을 깎아내리게 되기 때문이다. 언어 폭력은 물리적인 폭력과는 비교할 수 없을 만큼 강한 힘을 가졌으며 사람을 무너뜨리는 사탄의 강력한 무기이다. 마음속에 보이지 않는 상처를 남기면서 정신과 영혼까지 황폐하게 만들기 때문이다. 어떤 사람이 한 말을 적어본다. "매를 맞으면 온몸에 멍이 들어 모두가 그걸 보고 마음 아파한다. 그런데 모욕을 당해서 생긴 마음의 상처는 눈에 보이지 않아서 어느 누구도 고쳐주지 못한다. 몸에 난 큰 상처가 마음의 작은 상처보다 훨씬 빨리 치유되는 법이다." 성경도 길들여지지 않은 혀는 쉬지 않는 악이요, 죽이는 독이 가득한 것이라고 말한다. 사랑 앞에서 참된 것을 말하는 방법을 배울 수만 있다면 그 혀는 세상에서 가장 아름다운 찬송의 도구가 될 것이다. 우리에게는 말씀을 따라 살면서 악한 언어 습관을 버리고 바른 언어를 선택하겠다는 결단이 필요하다. —강안삼, 「잘못된 언어 습관」

❻ 지도자의 게으름은 어떤 결과를 낳게 됩니까?(18절)

* 집(18절): 성경에서 집은 종종 나라나 공동체 또는 내면세계를 상징했다.

❼ 잔치, 포도주, 돈은 어리석은 자에게는 멸망의 도구가 되지만 지혜로운 자에게는 오히려 무엇이 될 수 있습니까?(19절)

* 잔치, 포도주, 돈은 가치중립적인 것이다. 어떻게 쓰느냐에 따라서 득이 될 수도 있고 해가 될 수도 있다.

❽ 지혜자는 신중합니다. 전도자는 어디에서 어떤 말을 하지 말라고 합니까?(20절)

더 깊은 연구와 묵상을 위하여

❶ 우리의 입술은 하나님의 말씀에 근거하여 다른 사람들을 세울 수 있는 지혜로운 입술이어야 합니다. 이사야가 하나님께 간구한 "학자들의 혀"에는 어떤 특징이 있습니까?(사 50:4 참조)

❷ 어린아이가 돈과 권력을 가지면 어떤 일이 발생하게 될지 정리해보십시오 (16절 참조).

적용을 위한 글

말하는 것을 보면 그 사람이 지혜자인지 우매자인지 알 수 있다. 지혜자는 신중하게 말한다. 누구와 대화하든지 항상 진실하고 정직하다. 하지만 우매자는 매우 경솔하며 때와 장소를 가리지 않고 말한다. 자신이 알지 못하는 것까지 추측하고 판단하여 마구 말을 내뱉는다. 결국 우매자는 자신이 한 말 때문에 망한다. 말은 우리가 잘 훈련하고 다스려야 하는 대상이다. 특히 지도자는 말을 경솔하게 해서는 안 된다. 지도자의 말에 의해서 공동체의 운명이 갈리는 경우가 많다. 지도자는 자신의 뒤에 공동체가 있음을 항상 염두에 두고 신중하게 말을 해야 한다.

적용 및 결단을 위한 질문

❶ 여러분의 소비생활은 어떠합니까? 하나님께서 원하시는 대로 시간과 돈을 사용하고 있습니까?

❷ 여러분은 공동체를 위해 기도하는 사람입니까, 비판부터 하는 사람입니까?

19 즐거운 일을 즐기라

본문 전도서 11:1-8

외울말씀 사람이 여러 해를 살면 항상 즐거워할지로다 그러나 캄캄한 날들이 많으리니 그 날들을 생각할지로다 다가올 일은 다 헛되도다 (8절)

도입을 위한 글

미국인 사업가가 멕시코의 작은 해안마을에서 한 어부를 만났다. 어부는 작은 보트로 큰 물고기를 잡아 부두에 막 도착한 참이었다. 그것을 본 사업가는 어부에게 큰 배를 타서 많은 고기를 잡는 것이 어떻겠냐고 물었다. 그러나 그 어부는 이것으로 충분하다고 대답했다. 그러자 사업가는 어부에게 남는 시간에는 무엇을 하는지 물었다. 어부는 "늦잠을 자고, 애들과 놀아주거나 아내와 함께 낮잠도 즐깁니다. 저녁이면 친구들과 어울려 포도주를 마시며 기타도 치지요." 어부의 대답에 사업가가 비웃으며 말했다. "좀 더 많은 시간을 투자해서 열심히 일하면 선단을 가진 부자가 될 수 있을 텐데요." "그렇게 되려면 얼마나 걸릴까요?" "한 15년에서 20년쯤 걸리겠지요." "그런 다음에는요?" "돈을 많이 번 뒤 은퇴해 작은 어촌에서 아이들과 놀아주고 낮잠도 즐기며 친구들과 함께 고급 포도주를 마시며 놀 수 있겠지요." 사업가의 말을 다 듣고 난 어부가 웃으며 이렇게 말했다. "저는 이미 그 모든 것을 다 누리고 있습니다." 우리는 행복의 요소를 먼 곳에서 찾으려고 하며 현재의 소소한 일상보다 뭔가 특별한 미래를 기대하는 경향이 있다. 하지만 하나님께서는 범사에 감사하고 기뻐하며 기도하라고 말씀하셨다. 우리가 현재를 충실히 살아갈 때 하나님께서 우리의 평범했던 일상을 비범한 일상으로 채워주실 것이다. 현재를 사랑하고 즐기라. –김장환, 「큐티365」

도입을 위한 질문

❶ 여러분은 현재를 즐기고 있습니까?

❷ 여러분이 밤낮으로 열심히 일하는 이유는 무엇입니까?

본문 질문

❶ 떡을 물 위에 던지는 것은 보상을 바라지 않는 선행을 말합니다. 그런 선행의 결과는 어떠할 것이라고 합니까?(1절)

* 떡(1절): 팔레스타인의 떡은 가볍고 납작해서 물 위에 뜰 수 있었다.

❷ 때로는 일곱, 여덟(많은 사람)에게 나누어주어도 무엇으로 되돌아올 수 있습니까?(2절)

* 일곱, 여덟(2절): 큰 수, 완전한 수를 의미한다. 물 위에 던지는 것보다 더 확실하게 보상받을 수 있음을 의미한다.

❸ 구름과 바람을 오래 살펴보면서 생각만 하는 사람은 결국 어떻게 됩니까? (3-4절)

* 풍세(4절): 바람의 세기나 방향

❹ 인간은 만사를 성취하시는 하나님의 일을 알 수 있습니까?(2, 5절)

❺ 다음 글을 읽고 하나님께서 주신 삶의 여유를 즐기는 방법에 대해 정리해보십시오.

어떻게 사는 것이 행복한 인생인가? 그것은 아마 일도 잘하고 여가도 잘 누리는 인생일 것이다. 여러분은 일도 잘하고 놀기도 잘하는 타입인가, 아니면 일도 못하고 놀지도 못하는 타입인가? '열정적으로 일한 후에는 휴가를 즐기라'는 말이 있다. 배터리를 충전하지 않고 계속 사용하면 어떻게 되겠는가? 일만 하고 휴식을 취하지 않으면 신체 기능이 떨어져서 열정적으로 일할 수가 없다. 일을 잘하는 사람은 휴식도 잘 취한다. 강한 체력을 가진 청년들도 오랜 시간 일할 때는 한 시간마다 10분씩 휴식을 취해야 일을 더 효율적으로 할 수 있다. 일할 때는 열정적으로 하고, 휴식을 취할 때는 충분히 쉬어야 하는 것이다. 그럴 때 충전도 되고 새로운 아이디어도 나온다. 성경에는 예수님도 휴식을 취하셨다는 기록이 있다.

–최염순

❻ 뿌려지는 씨 중에 어떤 것이 잘 자라게 될지는 알 수 없습니다. 지혜로운 농부는 결과를 하나님께 맡기고 어떻게 행동합니까?(6절)

❼ 하나님께서 인간에게 기본적으로 누리라고 주신 즐거움은 무엇입니까?(7절)

* 아름다운 것(히. 마토크): 달콤한 것이라는 뜻이다. 해의 빛 속에 즐길 수 있는 달콤함이 숨겨져 있다는 것을 말한다.

❽ 즐거운 일에 즐거워해야 합니다. 인생에는 어떤 날들이 더 많기 때문입니까?(8절)

더 깊은 연구와 묵상을 위하여

❶ 1-6절까지 '알지 못한다'라는 표현이 자주 등장합니다. 인간이 알 수 없는 것에는 무엇이 있는지 정리해보십시오.

❷ 보상을 바라지 않고 선행을 하면 반드시 보상이 따른다는 것은 고대 근동의 전통 사상이었습니다. 하지만 전도자는 선행을 해도 재앙이 임할 수 있다고

말하며 기존 사상에 반기를 들었습니다. 전도자가 이렇게 말한 진정한 의미는 무엇입니까?(2절 참조)

적용을 위한 글

사람은 자신의 미래를 알 수 없다. 그렇기에 인생의 주관자이신 하나님을 더욱 신뢰해야 한다. 하나님께서 맡기신 재물도 잘 사용하고, 경제적으로 어려운 이들을 도와주어야 한다. 비록 인생에는 여러 가지 변수가 있지만, 그것이 두려워 아무것도 하지 않는 태도는 옳지 않다. 인생의 변수를 감안하고 오늘에 최선을 다한다면 보다 큰 자유를 누리게 될 것이다. 우리는 자본주의 체제 안에서 살기 때문에 소유의 노예가 되기 쉽다. 남보다 덜 가진 것이 불행이라고 생각하는가? 하지만 주변을 살펴보라. 지금 살아있다는 것 자체가 하나님의 은총이 아닌가? 소유한 것은 남보다 적을지라도 하나님이 주신 자연 만물의 달콤함은 아무 대가 없이 느낄 수 있지 않은가?

적용 및 결단을 위한 질문

❶ 여러분의 물질 중에서 선한 일에 사용되는 부분은 얼마나 됩니까?

❷ 여러분은 하나님께서 즐기라고 주신 햇빛 등의 자연 만물을 즐거워합니까?

20 청년이여 준비하라

본문 전도서 11:9-12:5

외울말씀 청년이여 네 어린 때를 즐거워하며 네 청년의 날들을 마음에 기뻐하여 마음에 원하는 길들과 네 눈이 보는 대로 행하라 그러나 하나님이 이 모든 일로 말미암아 너를 심판하실 줄 알라 (9절)

도입을 위한 글

유태인 랍비인 시드니 그린버그(Sydney Greenberg)는 청년과 노인의 차이점을 8가지로 살펴보았다. ① 사람을 믿는다면 청년이지만, 믿지 않으면 노인이다. ② 인생을 즐길 줄 안다면 청년이지만, 모든 것을 포기하면 노인이다. ③ 새로운 아이디어를 찾고 있다면 청년이지만, 과거의 전통과 방법만 의지하면 노인이다. ④ 아름다워지려고 노력한다면 청년이지만, 과거만 회상하면 노인이다. ⑤ 사귐의 즐거움을 찾고 있다면 청년이지만, 고독에서 헤어나오지 못하면 노인이다. ⑥ 행복을 갈망한다면 청년이지만, 회상만 하면 노인이다. ⑦ 사랑을 줄 줄 안다면 청년이지만, 받으려고만 하면 노인이다. ⑧ 꿈을 간직하고 있다면 청년이지만, 꿈을 포기하고 오늘만 바라보면 노인이다. 늘 청년과 같은 열정으로 꿈을 키워가는 사람이 되자.

도입을 위한 질문

❶ 여러분은 청년입니까, 노인입니까?

❷ 나이는 숫자에 불과합니다. 청년으로 살아가려면 무엇에 힘써야 합니까?

본문 질문

❶ 전도자는 아직 살아갈 날들이 남아있는 청년에게 어린 때를 어떻게 하라고 합니까?(9절)

* 네 어린 때, 청년의 날들: 현재부터 죽음이라는 시점까지 살아갈 남은 날들을 말한다.

❷ 하나님께서 주신 삶을 충분히 누려야 하지만 죽음 이후에는 무엇이 있음을 염두에 두어야 합니까?(9절)

* 삶의 즐거움과 함께 책임감을 가지라는 뜻이다.

❸ 근심과 고통이 찾아올 때가 있지만 그것에 사로잡혀 있을 시간이 없습니다. 왜냐하면 어릴 때와 검은 머리의 시절이 어떠하기 때문입니까?(10절)

* 헛되다: 안개, 입김, 수증기처럼 잠깐 있다가 사라져버리는 것을 말한다.

❹ 청년의 때에 누구를 기억해야 합니까?(12:1)

❺ 다음 글을 읽고 하나님께서 주신 오늘이라는 선물을 어떻게 사용해야 할지에 대해 정리해보십시오.

> 인도의 어느 깊은 산골에 한고조라는 새가 산다. 겨울이 되면 유난히도 추운 그 산에서 한고조는 밤만 되면 낮에 미리 둥지를 짓지 않은 것을 후회한다. 그리고 다음날 아침에 날이 밝으면 꼭 튼튼한 둥지를 지으리라고 결심한다. 하지만 막상 추웠던 밤이 지나고 아침이 오면 지난밤의 결심을 모조리 잊어버린다. 어차피 내일을 알 수 없는 것이 운명인데 둥지는 지어서 뭐하느냐면서 말이다. 하나님께서는 우리에게 내일을 선물하신다. 하지만 그 내일이 내 것이라는 보장은 없다. 우리는 주어진 내일의 일을 알 수 없지만, 성실하게 임하는 오늘이 보다 활기찬 내일을 만들어줄 것은 확실하다. 이전에 내일이라 불리던 수많은 시간이 이미 어제라는 이름으로 흘러가버렸다. 주어진 오늘에 충실해야겠다.

❻ 전도자는 죽음에 가까운 노년기를 어떠한 때라고 묘사합니까?(12:1-2)

* 비 뒤에 구름이 다시 일어나기 전에(2절): 팔레스타인의 겨울철을 말한다. 흐리고 비오는 날씨가 계속되며 나뭇잎이 시들고 열매가 떨어진다.

❼ 12:3-5에서는 노년기에 겪게 되는 과정을 비유적으로 표현합니다. 표를 통해 정리해보십시오.

	표현들	암시 대상
3절	(　　　　　　)들이 떨 것이며	면역력 약화, 근력 쇠퇴
	힘 있는 자들이 구부러질 것이며	허리가 구부러짐
	(　　　　　　)들이 적으므로 그칠 것이며	이빨이 빠짐
	창들로 내다 보는 자가 어두워질 것이며	시력 약화
4절	맷돌 소리가 적어질 것이며	식욕이 없어짐
	(　　　　　　)로 말미암아 일어날 것이며	신경쇠약, 잠이 없어짐
	음악하는 여자들은 다 쇠하여질 것이며	노래를 부르지 않음
5절	그런 자들은 (　　　　　)을 두려워할 것이며	마음이 약해짐
	길에서는 놀랄 것이며	작은 일에도 놀람
	(　　　　　)가 꽃이 필 것이며	흰머리가 생김
	메뚜기도 짐이 될 것이며	기력이 약해짐
	(　　　　　)이 그치리니	성욕이 없어짐

❽ 사람은 결국 어디로 돌아가게 됩니까?(12:5)

더 깊은 연구와 묵상을 위하여

❶ 성경은 창조 신앙을 강조합니다. 이와 연관된 다른 성경구절을 찾아서 연구해보십시오(욥 35:10; 시 149:2 ; 롬 1:25; 벧전 4:19 참조).

❷ 고령화 사회가 되고 있는 가운데 교회에도 점차 고령화가 진행되고 있습니다. 여러분이 섬기는 교회에서는 실버 목회에 대한 대안을 준비하고 있습니까?

적용을 위한 글

사람은 자신의 미래를 알 수 없다. 자신이 언제 죽을지도 모른다. 하지만 오늘이 허락되었다면 그것은 당신이 청년이라는 증거이므로 창조주를 기억하면서 오늘 받은 축복을 마음껏 누려야 한다. 오늘은 지나가면 결코 돌아올 수 없는 시간이다. 하나님께 오늘 순종하고 하나님이 주신 사람들을 오늘 사랑하며 섬기라. 하나님께서 오늘의 일들을 심판하실 것이다. 내일이 되면 저절로 잘하게 될 것이라는 자만을 버리자. 언제 죽을지 모르는 인생에 내일이 어디 있는가? 내일은 없다. 오늘이 마지막 날이라고 생각하고, 오늘 나에게 주신 인생을 최선을 다해 즐기면서 걸어가자.

적용 및 결단을 위한 질문

❶ 여러분은 오늘 주어진 하루의 시간을 하나님의 지혜에 따라 계획하며 살아가고 있습니까?

❷ 나이는 숫자에 불과합니다. 남은 삶이 있다면 누구나 청년입니다. 여러분은 혹시 나이 때문에 자포자기하고 있지는 않습니까?

21 하나님을 경외하라

| **본문** 전도서 12:6-14

| **외울말씀** 일의 결국을 다 들었으니 하나님을 경외하고 그의 명령들을 지킬지어다 이것이 모든 사람의 본분이니라 (13절)

도입을 위한 글

휘튼 대학 시절에 드렸던 어느 날의 예배는 내게 잊을 수 없는 충격이었다. 예배의 설교자는 존경받던 전임 학장인 레이먼드 에드먼 박사였다. 건강이 좋지 않았던 그가 설교 단상에 서는 것 자체가 매우 특별한 일이었다. 그는 우리가 하나님 앞에 갖춰야 할 경외감에 대해 배우기를 원했다. 그는 예배가 진지한 행위라는 것을 설명하기 위해 에티오피아 황제였던 하일레 셀라시에(Haile Selassie, 1892–1975)를 방문했던 때를 상기했다. 황제 앞에 나아가기 전에 주어지는 지시 사항이나 따라야 하는 외교적 의례, 존경을 표하기 위한 인사 방법을 설명하면서, 우리도 이와 같은 방법으로 하나님을 만날 준비를 해야 한다고 강조했다. 이 말을 마치자마자 그는 '쿵' 하면서 쓰러졌고, 왕 중의 왕이신 하나님께로 갔다. 그분은 임종을 맞았지만, 우리는 그로 인해 잠시나마 생명을 맛보았다. 하늘과 땅 사이를 구분하는 선이 갑자기 사라졌다. 우리는 더 이상 다음 시간에 치를 시험과 주말에 있을 데이트를 걱정하는 대학생이 아니었고, 하나님의 보좌 앞에 천사장과 천사들과 함께 있었다.

–도널드 맥컬로우, 「내가 만든 하나님」

도입을 위한 질문

❶ 여러분은 죽음 이후에 하나님을 당당하게 만날 준비가 되어있습니까?

❷ 하나님을 경외한다는 것은 무엇을 한다는 뜻입니까?

본문 질문

❶ 은 줄과 금 그릇처럼 아름답던 인생도, 항아리나 바퀴처럼 쓸모 있던 인생도 결국에는 어떻게 됩니까?(6절)

* 인생은 점점 풀리고 깨지는 사치품이나 실용품과 같은 것이다.

❷ 인간의 육체는 땅으로 돌아가지만 인간의 영은 어디로 돌아갑니까?(7절)

❸ 전도자는 죽음이 다가오기 전에 어떤 사실을 기억하라고 합니까?(8절)

* 전도자는 1:2에서 외쳤던 선언을 결론적으로 다시 외쳤다. 헛됨(헤벨)은 안개, 연기, 숨, 바람처럼 쉽게 사라지는 것을 말한다.

❹ 전도서의 주된 내용은 8절에서 끝납니다. 9–14절은 전도서의 추가적인 결론에 해당합니다. 전도서 기자는 전도자가 어떤 일에 힘썼다고 격려하며 칭찬합니까?(9–10절)

❺ 다음 글을 읽고 하나님을 경외하는 사람에 대해 정리해보십시오.

> 하나님이 가장 아끼고 찾으시는 사람은 바로 주인 되신 그분의 이름을 높이고 경외하는 사람이다. 하나님을 경외하는 사람이 되려면, 하나님을 항상 바라보며 그분의 광대하심을 묵상해야 한다. 전능하신 하나님께서는 천사들에게 율법을 주시고, 사람들의 양심을 속박하시며, 방백들의 심령을 꺾으신다. 사람들이 하나님을 두려워하지 않는 이유는 하나님의 위대하심을 생각하지 않기 때문이다. 기도로 하나님을 경외하는 마음을 구하라! 하나님을 경외하는 마음은 지혜의 근본이자 경건의 근원이다. 기도로 부귀나 지식을 구하기도 하지만, 우리는 오직 하나님을 경외하는 마음을 간절히 구해야 한다.
>
> –토마스 왓슨, 「하나님을 경외하는 사람」

❻ 지혜자의 말씀은 목자의 무엇과 같다고 합니까?(11절)

* 채찍들, 못: 목자들이 짐승을 몰 때 사용하는 막대기 끝에 달려있는 뾰족한 부분을 말한다. 짐승들이 잘못된 길로 갈 때 목자들은 이 부분으로 짐승들을 살짝 찔렀다.

❼ 전도자는 사람의 본분이 무엇이라고 합니까?(13절)

❽ 하나님께서는 우리의 무엇을 심판하시는 분이십니까?(14절)

더 깊은 연구와 묵상을 위하여

❶ 인간은 단순한 유기체에 불과한 짐승과 달리 영적인 유기체입니다. 창세기 2:7을 통해 인간이 어떤 면에서 영적인 유기체인지 연구해보십시오.

❷ 전도자는 인생과 세상의 온갖 문제점과 신비로움을 강조합니다. 그러한 인생이기에 우리는 누구를 더욱 더 신뢰해야 합니까?

적용을 위한 글

인생과 세상에는 온갖 문제점과 신비로움이 가득 차 있다. 우리는 그것들을 그대로 받아들일 수밖에 없다. 그러고 나서 할 수 있는 한 삶을 적절하게 누려야 한다. 하지만 우리의 운명을 결정하는 것은 우리 자신이 아니다. 오직 하나님만이 우리의 운명의 열쇠를 쥐고 계신다. 따라서 최대한 그분을 이용(?)할 때 우리는 성공적인 삶을 살 수 있다. 하나님을 경외함으로써 이용하고, 그분의 명령을 지킴으로써 이용하는 것이다. 하나님을 경외하는 것은 마치 짙은 안개 속에서도 나아갈 방향을 안내해주는 표시등이 늘 함께하는 것처럼 하나님이 인도해주시는 대로 살아가는 것이다.

적용 및 결단을 위한 질문

❶ 여러분은 인생을 바른길로 인도할 것은 오직 성경밖에 없다는 것을 인정합니까?

❷ 여러분은 사람의 본분인 하나님을 경외하는 것과 하나님의 명령을 지키는 일에 힘쓰고 있습니까?

인도자를 위한 지침

01 헛됨과 유익

전도서 1:1-11은 서론 부분으로 전도서 전체를 이해하는 데 열쇠가 되는 본문입니다. 1절은 전도서 전체의 타이틀이며, 2-11절은 해설자의 권두시(initial poem)에 해당합니다. 특히, 4-11절에 나오는 다양한 헤벨의 모양들을 잘 정리해야 합니다. 3-4절은 인간 공동체의 헤벨, 5-7절은 자연의 헤벨, 8절은 사람의 눈과 귀의 헤벨, 9-11절은 역사의 헤벨을 다루고 있습니다. 전도서는 일종의 항암제와 같습니다. 항암제는 우리 몸의 암세포뿐만 아니라 모든 세포들을 제로 상태로 만듭니다. 전도서는 우리가 세상에서 붙잡으려고 하는 모든 것을 일단 놓아버리게 만듭니다. 그리고 조용히 하나님 앞에서 꼭 필요한 것만 다시 붙잡게 합니다. 참여자들과 함께 인생에서 놓치지 말아야 할 것들이 무엇인지 토론해보십시오.

02 인생들의 헛수고

드디어 전도자가 등장하여 자신의 경험을 풀어놓습니다. 세상의 그 누구보다 많은 재산과 지혜를 가져본 전도자이지만, 그의 입술에서는 인간의 한계에 대한 고백만이 흘러나옵니다. 바람을 잡으려는 시도가 헛되듯이, 인간의 지혜와 지식을 추구하는 것 역시 헛수고일 뿐이라고 합니다. 하나님께서 인간에게 주신 지식에 대한 욕망으로 해 아래의 모든 것을 연구하고 살펴보았지만, 그 안에서는 인생의 참된 의미를 찾을 수 없음을 깨달았다고 합니다. 참여자들과 함께 인간의 지혜로 인생의 문제를 해결할 수 있는지에 대한 답을 찾아보십시오.

03 무익한 것

2장에서는 헛됨의 실제적인 예가 제시되고 있습니다. 사람들이 하나님 없이 추구하는 여러 가지 쾌락의 종류들이 열거되고 있습니다. 사람들은 웃음과 희락, 육체적인 즐거움, 부동산과 편의시설, 부하 직원, 많은 재물, 이성과 성적 욕구 등 이 땅에서 행복과 만족을 얻을 수 있는 것들을 연구하고 또 연구합니다. 특히, 오늘날은 쾌락주의가 만연해 있습니다. 로마제국의 패망 원인도 쾌락에 대한 열광 때문이었습니다. 참여자들과 함께 쾌락주의가 만연한 현실 속에서 어떻게 살아가는 것이 하나님의 뜻에 맞는 삶인지 이야기를 나누어보십시오.

04 지혜와 어리석음

전도자는 계속해서 해 아래에서 사는 사람들의 삶 속에서 진정한 인생의 의미와 유익이 무엇인지를 탐구해나갑니다. 본문에서는 지혜롭게 사는 것이 인생에 유익하고 의미가 있지 않는가에 대한 해답을 줍니다. 하지만 지혜 역시 인생에 진정한 유익을 주지는 않습니다. 죽음이라는 운명 앞에서 모두가 똑같은 것입니다. 지혜도 안개와 같이 사라질 것이기에 진정한 유익(이트론)은 없는 것입니다. 인생에 진정한 의미를 주지 못하는 것들에 너무 얽매여 있지는 않은지 참여자들과 함께 돌아보십시오.

05 마음을 더 기쁘게 하는 것

전도자는 평생 수고하여 얻은 부와 성공에 대해 부정적인 평가를 내렸습니다. 자신의 수고를 미워하고 실망스러워했습니다. 헛된 것이며 큰 악이라고 평했습니다. 아무런 소득 없는 헛수고라고 했습니다. 하지만 전도자는 모든 사람의 수고가 헛된 것은 아니라고 했습니다. 수고하면서 기쁨을 누리는 사람도 있다고 했습니다. 하나님으로부터 오는 은총을 받은 사람은 수고하면서도 그 가운데 기쁨을 누린다고 했습니다. 어떤 사람은 기쁨 없이 수고만 하여 그 결과물을 다른 사람들에게 주고, 어떤 사람은 수고하면서도 기쁨을 누린다는 것입니다. 참여자들과 함께 자신은 어떤 유형의 사람인지 함께 살펴보십시오.

06 때가 있다

인생의 의미를 찾으려는 전도자의 시도는 계속됩니다. 전도자는 세상 속에 존재하는 하나님의 때를 발견했습니다. 창조주 하나님께서 이 세상을 움직여가시는 때가 있음을 발견하게 되었습니다. 전도자는 겸손하게 하나님의 때를 인정했습니다. 피조물의 한계를 수용했습니다. 비록 인간은 그때의 의미를 다 알 수 없지만, 인간이 할 수 있는 것은 때마다 적절히 반응하는 것입니다. 형통한 날에는 기뻐하면 됩니다. 곤고한 날에는 생각하면 됩니다. 때에 따라 삶에서 누리는 것은 인간이 결정할 수 있는 것입니다. 참여자들 각자의 삶이 어떤 상태에 있는지를 함께 나누어보십시오.

07 불의와 즐거움

전도자는 하나님께서 통치하시는 세상 속에서도 도무지 이해할 수 없는 불의한 일들이 종종 발생한다고 역설합니다. 본문에서는 3가지가 소개됩니다. 재판정에서의 불의, 인간의 죽음, 학대받는 자들의 눈물 등입니다. 전도자는 이러한 불의를 경험하는 것은 매우 괴로운 일이라고 합니다. 차라리 세상에 태어나지 않는 것이 더 낫다고까지 합니다. 세상의 불의를 바라보면 한숨과 탄식만 나옵니다. 하지만 잊지 말아야 할 것은 이 와중에도 인생의 유익을 얻을 수 있다는 것입니다. 그것은 자기 일을 즐거워하는 것입니다. 죽음이 다가오기 전까지의 삶에서 즐거움을 누릴 수 있다면 그것보다 좋은 것은 없습니다. 참여자들과 함께 그 즐거움을 얻는 방법에 대해 토의해보십시오.

08 함께 사는 것

전도자는 세상에서 발견한 불의한 일들 중 나머지 3가지를 소개하고 나름대로 대안을 제시합니다. 네 번째 불의는 경쟁입니다. 어떤 이들은 과도한 경쟁으로 인생을 망칩니다. 또 어떤 이들은 경쟁을 회피하면서 인생을 버립니다. 전도자는 지혜로운 경쟁이 좋다고 합니다. 한 손에는 수고를, 한 손에는 안식을 누리는 삶이 좋다고 합니다. 다섯 번째 불의는 이기심과 외로움입니다. 이기적으로 살면 외롭습니다. 하지만 함께 살면 따뜻합니다. 마지막 불의는 권력입니다. 권력을 위해 다른 사람의 말을 경청하지 않는 것은 불의입니다. 하지만 결국 그 권력도 사라지게 될 것입니다. 참여자들과 함께 인생을 어떻게 사는 것이 지혜롭고 의미 있는 것인지 정리해보십시오.

09 하나님 앞에서

전도자는 오랜만에 하나님에 대해 언급합니다. 전도자는 하나님에 대한 2가지를 이야기합니다. 첫째는 하나님은 하늘에 계시다는 것이고, 둘째는 하나님이 땅의 주인이시라는 것입니다. 반면에 인간은 피조물일 뿐이고, 땅의 소산물을 공급받아 사는 의존적인 존재일 뿐입니다. 따라서 인간은 마땅히 하나님 앞에서 겸손해야 합니다. 하나님 앞에서의 모든 삶이 하나님을 경외함으로 행해져야 하며, 성전 안에서나 밖에서나 동일해야 합니다. 욕심을 버리고 하나님이 주신 것들에 만족하고 감사하면서 하루하루를 겸손하게 살아야 합니다. 참여자들과 함께 삶의 목적과 태도를 점검해보십시오.

10 재물과 행복

수많은 재물, 일백 명의 자녀, 천 년의 갑절을 사는 세상의 복은 우리에게 결코 참된 만족을 줄 수 없습니다. 인생의 참된 만족은 하나님의 주권을 인정할 때에야 비로소 찾아옵니다. 하나님의 주인 되심을 인정하고 하나님 앞에서 겸손히 자족하며 살아갈 때 참된 만족이 찾아옵니다. 삶의 작은 것을 누리고 즐거워하며 감사할 줄 아는 것이 참된 만족입니다. 소유하려는 욕심으로, 바람을 잡으려고 안간힘을 쓰듯이 어둠 속에서 근심하고 분노하는 삶은 결코 행복한 삶이 아닙니다. 현대의 경쟁

사회 속에서 참여자들이 어떻게 살아가고 있는지 점검해보십시오.

11 무슨 유익이 있으랴

해 아래에는 헛된 일들로 가득 차 있습니다. "헤벨뿐인 세상 가운데 정말로 유익한 것은 없는가?" 전도자는 이 질문에 대한 답을 찾기 위해 7가지 비교를 했고, 본문에는 5가지 비교가 나옵니다. 전도자가 비교한 7가지를 하나하나 주의 깊게 살펴야 합니다. 전도자는 하나님 앞에서 겸손하게 살아가는 삶이 유익한 삶이라고 결론 내립니다. 인생은 형통한 날과 곤고한 날이 병행됩니다. 이 병행은 지혜로우신 하나님께서 결정하시는 것입니다. 이 결정 안에서 하루하루 현재에 최선을 다하는 삶이 유익한 삶입니다. 참여자들과 함께 하루하루를 최선을 다해 살아가고 있는지 점검해보십시오.

12 하나님을 경외하는 자

우리는 '지혜'라고 하면 인간에게서 나오는 능력이라고 생각합니다. 하지만 지혜는 인간의 이성에서 나오는 것이 아닙니다. 지혜는 지식과 정보를 때와 상황에 맞게 활용할 수 있는 개인의 능력이 아닙니다. 성경이 말하는 지혜는 오직 하나님을 경외하고 의지하며 하나님을 기뻐할 때에만 얻을 수 있는 하나님의 선물입니다. 따라서 말씀생활과 기도생활이 지혜를 얻는 가장 좋은 방법입니다. 예수 그리스도를 통해 하나님을 만나고 하나님과 소통할 때 지혜가 얻어집니다. 자기 자신이나 타인을 의지하거나 신뢰해서는 안 됩니다. 사람은 믿음과 신뢰의 대상이 아닙니다. 참여자들과 함께 진정으로 하나님을 경외하고 있는지 점검해보십시오.

13 왕의 명령을 지키라

우리가 따라야 할 권위자들이 있습니다. 성경은 그 권위자에게 순종하는 것이 지혜롭다고 권면합니다. 만왕의 왕이신 하나님과 법과 윤리 그리고 공동체의 지도자에게 순종하고 따르는 것이 그리스도인의 삶의 자세입니다. 물론 불의에는 정의롭게 맞서야 합니다. 하지만 진리의 문제가 아니라면 지혜롭게 순응하고 순종하는 것이 필요합니다. 바벨론의 관습을 지키면서도 우상에게는 절대로 절하지 않았던 다니엘의 삶에서 지혜를 배우십시오. 참여자들과 함께 진리를 분변하면서 지혜롭게 행동하는 것이 무엇인지 토의해보십시오.

14 부조리와 희락

세상은 마치 사막과도 같이 부조리의 메마름으로 가득 차 있습니다. 하지만 그런 부조리의 사막 한가운데에도 희락의 오아시스는 존재합니다. 악인이 형통하는 세상이지만 그것만 있는 것은 아닙니다. 먹고 마시며 즐기는 일상의 희락이 존재합니다. 사람을 바라보면 실망뿐이지만 하나님이 주시는 희락을 맛보면 세상이 살맛 나며 견딜 수 있습니다. 아무리 절망적인 순간이라 할지라도 하나님이 주시는 희망은 있습니다. 숨을 쉬고 있다는 것, 그리고 심장이 뛰고 있다는 것 자체가 우리에게 희망이 될 수 있음을 알아야 합니다. 참여자들과 함께 하나님께서 일상 속에 숨겨놓으신 희락을 구체적으로 찾아보는 시간을 가지십시오.

15 선물로 주신 인생

인생은 하나님의 선물입니다. 하지만 이 선물을 제대로 누리는 인생은 별로 없습니다. 늘 원망하고 불평하고 비교하고 절망하는 데 대부분의 시간을 보냅니다. 현재라는 축복을 누리지 못합니다. 살아있는 것 자체가 축복인데 그것을 축복으로 받아들이지 못합니다. 내 옆에 있는 사람들을 사랑할 수 있는데 사랑하지 못합니다. 함께 누릴 수 있는데도 함께하지 못합니다. 이것은 인간의 못된 병입니다. 죽음 이후에는 인생에서 누려야 할 것들이 모두 사라집니다. 있을 때 잘하라는 말처럼 인생이라는 소중한 기회가 주어졌을 때 최선을 다해 일분일초를 사용해야 합니다. 참여자들과 함께 인생을 선용하는 법에 대해 의견을 나누어보십시오.

16 지혜를 무시하는 세상

인생에 홀연히 출현하는 재난과 재앙, 그리고 지혜자가 가난하다는 이유만으로 그의 지혜가 무시되는 현실에서 우리는 어리둥절해질 때가 많습니다. '어떻게 이런 일들이 나에게 일어날까?' 하며 허둥지둥합니다. 하지만 하나님을 경외하고 신뢰하는 사람은 재앙 가운데서도, 아이러니한 일들 가운데서도 흔들리지 않습니다. 자신의 장점이나 능력을 의지하지 않기 때문입니다. 또한 자신의 단점이나 실패에 집착하거나 재앙 때문에 비관하지도 않습니다. 모든 상황을 하나님의 뜻으로 믿고 받아들이기 때문입니다. 참여자들과 함께 최근에 겪은 부정적인 일들을 함께 나누고, 하나님의 지혜를 가진 자로서 어떻게 대처해야 할지 나누어보십시오.

17 우매는 곧 재난이다

잠언이 공식이라면 전도서는 예외조항이라고 할 수 있습니다. 전도자가 말하고자 하는 것은 세상 속에는 언제나 예외가 있다는 것입니다. 지혜로운 자가 성공하는 것은 잠언의 공식입니다. 하지만 전도자가 관찰한 결과, 지혜자가 반드시 성공하는 것은 아니었습니다. 오히려 어리석은 자가 성공할 때도 있습니다. 그렇다면 잠언과 전도서 중 어떤 진리를 붙잡아야 합니까? 고민할 필요가 없습니다. 잠언이라는 공식을 붙들고 전도서라는 예외조항을 염두에 둔다면 우리는 인생을 더 깊이 관조할 수 있게 됩니다. 혹시 참여자 중에 인생의 예외조항 때문에 힘겨워하는 분이 있다면 오늘 본문의 말씀을 통해 위로와 격려의 시간을 가져보십시오.

18 말과 지혜

지혜자와 우매자가 비교되고 있습니다. 지혜자는 말로 다른 사람을 살리고 공동체를 살리며 자신을 살립니다. 하지만 우매자는 말로 다른 사람을 죽이고 공동체에 악한 영향력을 끼치며 결국 자기 자신도 죽게 만듭니다. 따라서 성숙한 언어생활이 필요합니다. 성경은 말에 실수가 없으면 완전한 자라고 했습니다. 우리의 언어생활이 지혜로운지 어리석은지를 점검해서 고칠 것은 빨리 고쳐야 합니다. 그래야 개인의 삶은 물론, 공동체와 다른 사람을 유익하게 할 수 있기 때문입니다. 지혜자와 우매자의 언어생활의 특징을 함께 정리해보고, 참여자들과 함께 자신은 어떤 유형의 사람인지 나누어보십시오.

19 즐거운 일을 즐기라

전도자는 잘 알지 못한다는 말을 연이어서 합니다. 요즘은 인간이 모든 것을 알아서 척척 잘하는 것처럼 여겨지는 세상입니다. 하지만 인간은 모르는 것이 너무나 많습니다. 사실 인간이 발견한 것은 별로 없습니다. 인간의 능력을 과대평가하는 것은 바벨탑을 쌓는 행위와 같습니다. 가진 것이 없어도 행복할 수 있습니다. 하나님과 함께 바라보는 세상 속에는 하나님이 주신 달콤함과, 하나님의 즐거움이 가득합니다. 그것들을 찾아서 누릴 수 있는 진정한 믿음이 있어야 합니다. 창세기에는 세상의 문명을 가졌음에도 불행하게 살아가던 가인의 후손들과, 가진 것 없이 살았지만 하나님과 동행했기에 행복했던 셋의 후손들이 비교되고 있습니다. 하나님과 동행하며 오늘을 즐길 수 있는 행복자의 삶을 참여자들에게 권면해보십시오.

20 청년이여 준비하라

전도자가 청년이라고 지칭했던 이들은 앞으로 살아갈 날이 남아있는 모든 사람을 가리킵니다. 젊은 사람이라고 해서 다 청년이 아닙니다. 늙은 사람이라고 해서 청년이 아닌 것이 아닙니다. 누가 청년인지는 하나님만 알고 계십니다. 내 삶이 얼마나 남았는지 모르기 때문에 오늘이 중요합니다. 오늘을 세상의 마지막 날이라고 생각하고 살아야 합니다. 하루를 시작할 때에는 또 하루의 삶을 허락하신 하나님께 감사해야 합니다. 지금 시간이 많다고 해서 이것이 영원할 것이라고 생각해서는 절대로 안 됩니다. 어떻게 하면 세월을 아끼고 시간을 아껴서 하나님의 지혜로 살아갈 수 있을지 참여자들과 함께 정리해보십시오.

21 하나님을 경외하라

전도서의 결론 부분입니다. 전도자는 인생과 세상이 헛되다는 것을 다시 한 번 강조합니다. 인간은 흙으로 돌아갈 수밖에 없는 존재라는 것도 강조하며 인식시킵니다. 하지만 인간은 죽음으로 끝나는 존재가 아닙니다. 인간의 영은 하나님께로 돌아가고 하나님의 심판을 받게 됩니다. 따라서 목자이신 하나님의 명령을 잘 듣고 순종해야 합니다. 하나님을 경외하며 사는 것이 진정으로 인생을 누리는 방법입니다. 세상은 예외와 신비로움으로 가득 차 있지만, 그 모든 것을 아시고 주관하시는 분은 오직 하나님 한 분밖에 없습니다. 하나님을 신뢰하면서 나아갈 때 인생을 성공할 수 있습니다. 참여자들과 함께 전도서를 공부하고 난 이후에 각자 마음에 남는 한 구절을 정해서 함께 나누어보십시오.

프리셉트 어린이 신앙전기 ❽

열정의 복음 전도자 **디엘 무디**

하나님은 열정으로 가득한 무디를 통해 사람들에게 말씀을 전하셨으며, 오랫동안 방황하던 영혼들을 새롭게 변화시키셨다. 값 10,000원

프리셉트 어린이 신앙전기 ❾

버마를 구한 하나님의 사람 **아도니람 저드슨**

최초의 미국인 선교사 아도니람 저드슨. 하나님은 그의 재능을 사용하셔서 많은 버마인을 주님의 품으로 인도하셨다. 값 8,000원

프리셉트 어린이 신앙전기 ❿

어둠을 밝힌 위대한 종교 개혁가 **존 칼빈**

종교 개혁의 기틀을 마련한 신학자 존 칼빈. 그는 세상을 향해 빛을 비추는 진정한 믿음의 삶이란 무엇인지 알게 해준다. 값 10,000원

프리셉트 어린이 신앙전기 ⓫

천로역정을 저술한 믿음의 순례자 **존 번연**

회심 후 강한 믿음을 가진 존 번연은 평생 설교에 매진했으며, 그가 집필한 『천로역정』은 지금까지 사랑을 받고 있다. 값 9,800원

프리셉트 어린이 신앙전기 ⓬

나치에 저항한 행동하는 양심 **디트리히 본회퍼**

주님은 본회퍼에게 믿음을 위해 저항할 용기를 주셨다. 그는 하나님께서 주시는 힘으로 나치 정권에 끝까지 맞섰다. 값 9,000원

프리셉트 어린이 신앙전기 ⓭

부흥의 불꽃을 일으킨 천재 신학자 **조나단 에드워즈**

조나단은 모든 순간 하나님의 영광을 선포하고자 했다. 그는 결국 주님의 도우심으로 실천하는 신앙인이 될 수 있었다. 값 9,800원

프리셉트 어린이 신앙전기 ⓮

위대한 복음의 밀수꾼 **브라더 앤드류**

철의 장막을 뚫고 성경책을 몰래 배달한다는 사역은 쉽지 않았다. 그러나 복음을 전하기 위해서는 포기할 수 없는 일이었다. 값 9,800원

프리셉트 어린이 신앙전기 ⓯

노예상인 출신 복음 전도자 **존 뉴턴**

노예무역선 선장이었던 존 뉴턴은 하나님의 은혜를 깨닫고 자기 모습을 반성했다. 이후 그는 목회자가 되어 노예제 폐지에 힘썼다. 값 10,000원

심도 있게 편찬된
구역 및 대학·청년부 BEST G.B.S. 교재

BEST 전도서

지은이 | 프리셉트팀(이상훈)

초판 1쇄 | 2013년 6월 28일
초판 2쇄 | 2024년 12월 1일

발행인 | 김경섭
국제총무 | 최복순
총무이사 | 김현욱
편집부 | 고유영(편집실장), 김성경, 박은실
인쇄 | 영진문원

발행처 | 묵상하는사람들
등록번호 | 108-82-61175
일부총판 | 생명의말씀사 Tel. (02) 3159-7979 Fax. 080-022-8585

주소 | 서울특별시 서초구 청룡마을길 8-1(신원동) (우) 06802
전화 | (02) 588-2218 팩스 | (02) 588-2268
홈페이지 | www.precept.or.kr
국민은행 431401-04-058116(프리셉트선교회)

값 5,000원
ISBN 978-89-8475-589-5 04230
978-89-8475-456-0 04230(세트)

독자 여러분의 의견을 기다립니다.
(02) 588-2218 / pmbook77@naver.com